나의 사는 이야기

나의 사는 이야기

민경실 지음

좋은땅

여는 말

  사람이 살면서 다른 사람의 삶을 보거나 어떤 일을 마주 대하면서 동기부여를 받을 때가 있다. 지인들이 퇴임을 한 후 나전칠기를 배워서 전시회를 하는 것을 보거나 소질을 살려서 화가로서 제2의 인생을 걷거나 시집을 발간하면서 시인으로 등단하는 것을 보면서 나 자신도 의미 있는 일을 해야 하지 않을까 하는 생각을 하게 되었다.
  글을 쓰는 재주가 탁월하게 있는 것은 아니지만 주변에 있는 사람들의 삶의 이야기를 모아 글을 써 보고 싶은 생각이 들었다. 그래서 여름 내내 동네 카페에 앉아 한 편 두 편 쓴 글을 모아 이 책을 발간하게 되었다.
  이 글은 특별히 훌륭한 업적을 남긴 사람의 글도 아니고 주변에서 흔히 마주할 수 있는 보통 사람의 이야기다. 이 글을 읽으면서 '아하! 이런 생각을 가지고 이렇게 사는 사람도 있구나' 하는 느낌으로 읽어 주길 바란다. 때로는 글에 나오는 인물들에 대해 공감도 하고 때로는 나와는 다른 생각을 가지고 사는 사람이구나 하는 차이도 느끼면서 이 세상을 착하게 살고 싶어 하는 한 사람의 이야기로 이해해 주면 좋겠다.

이 글의 소재가 되어 주신 주위 분들, 특별히 우리 가족에게 감사의 말을 전하고 싶다. 특별히 이 글을 꼼꼼히 읽어 보시고 교정 작업을 해 주신 정인숙 선생님, 출판사를 알아봐 주시고 이 글에 대한 긍정적인 평을 해 주셔서 용기를 주신 장원동 교수님께도 감사드린다.

그리스도인이라면 지금까지 지내 온 것이 주님의 은혜라는 고백을 드리지 않을 수 없게 된다. 이 책이 나오기까지 나를 인도해 주시고 이끌어 주신 분은 바로 주님이시다. 모든 것을 하나님께 감사드리고 이 책이 인생에서 하나님을 만난 한 사람이 주님께서 기뻐하시는 삶을 살려고 노력한 흔적이 담긴 책이라고 읽혔으면 하는 바람이다.

목차

여는 말   4

I
우리 동네

우리 동네 카페	12
우리 동네 떡집	16
우리 동네 택시 기사님	19
우리 동네 돈까스 집	22
우리 동네 미장원	25
우리 동네 호떡집	28

II
나와 함께하는 사람들

은우회(은평 벗들 모임)	34
인왕 신우회	37
황톳길 모임	40
예우회(예일초등학교 벗들 모임)	44
C선생님	47
K선생님	50
K권사님	53

III
우리 가족

내 동생	60
큰언니	63
작은언니	66
형부	69
조카 J	72
조카 S	75
조카 K	78

IV
그리고 나

우리 교회	84
우리 집에 사는 사람들	87
나의 사명	91
나의 해외 의료 선교 이야기(1)	96
나의 해외 의료 선교 이야기(2)	102
나의 신앙 이야기	106
그리고 나	110
나의 기도	113

맺는말   120

I
우리 동네

우리 동네는 서울 강북에 있는 서대문구 홍제동 주변이다. 난 초등학교 6학년 때 부산에서 문화촌 아파트로 이사 와서 인왕초로 전학을 오게 되었고 지금까지 이 동네 주변에서만 살았다.

처음 이사 왔을 때는 높은 건물이나 대단지 아파트도 없었고 지하철도 없었다. 그래도 그때는 아직 강남이 개발되기 전이라서 이 일대가 알아주는 동네였다. 내가 다니던 인왕초등학교도 어린이 잡지에 소개될 정도로 좋은 학교였고 유진상가는 유명 연예인이 살 정도로 고급 아파트였다. 내기 다니던 명지여고와 인근의 예일여고는 전국에서 대입 입학률 1, 2위를 자랑하던 명문고였다.

그러나 내가 대학에 다닐 때조차 아직 지하철이 생기지 않아서 서초동에 있는 서울교대에 다닐 때 버스를 두 번이나 갈아타고 다니는 불편을 겪어야 했다. 지금은 아파트가 군데군데 들어서고 지하철 3호선도 개통되고 홍제천도 정비되어서 살기 좋은 동네가 되었다.

우리 동네는 도심이 가깝고 인왕산, 안산이 있어서 공기가 맑고 홍제천이 흐르고 있어서 운동하기에도 좋다. 지하철 3호선 홍제역이 있고 버스노선도 동서남북으로

뻗어 있으며 마을버스도 많아 교통도 편리하다. 인왕시장, 유진 상가가 있고 곳곳에 마트가 있어서 장보기에도 좋다. 홍제역 주변에는 병원도 다양하게 많아 의료시설도 잘 되어 있다.

나는 우리 동네가 좋아서 50여 년간 이 동네를 떠나지 않고 살고 있으며 앞으로 별다른 일이 없으면 이 동네에서 계속 살다가 하늘나라로 가고 싶다.

우리 동네는 욕심내지 않고 작은 일에 감사하며 산다면 행복하게 살 수 있는 곳이다. 우리 동네 사람들은 몇 번만 마주치면 친해질 수 있는 다정다감한 사람들이다. 경쟁하거나 비교하지 않고 그날그날 자족하면 살 수 있는 곳, 우리 동네는 참 좋은 곳이다.

이런 우리 동네 사람들의 세상 사는 이야기를 해 보겠다.

우리 동네 카페

우리 동네에 작년 10월쯤 작은 카페가 하나 생겼다. 나는 퇴임을 한지라 시간이 많아서 이 카페에 종종 들르곤 했다.

그런데 여자 종업원이 아주 불친절했다. 화장실에 들어가는 셔터문이 닫혀 있어서 좀 열어 달라고 했는데 퉁명스럽게 대꾸하면서 나보고 열고 들어가라고 했다. 나는 심히 불쾌했고 다시는 그 카페에 가지 않겠노라 다짐했었다.

몇 달이 지난 후 그런 마음이 사그라들 즈음에 다시 그 카페에 들렀다. 자그마하고 예쁘장하게 생긴 여주인인 듯한 분이 "오랜만에 오셨네요?" 하며 상냥하게 미소를 지으며 말을 건넸다. 순간 어그러진 마음이 풀어지면서 우리의 대화는 시작되었다. 그녀는 처음 카페를 열 때 이 동네에서는 무조건 친절해야 된다고 동네 사람이 말씀

하시더라며 이야기하며 웃음을 지었다.

  내가 카페에 들를 때마다 우리는 종종 짧은 대화를 나누게 되었다. 그녀는 연희동에 살고 있으며 원천교회에 다니는 교인이다. 카페 음악으로 CCM을 틀려고 노력한다고 했다. 내가 카페가 잘되는 것 같다고 하자 좀 더 잘되야 한다고 했다. 나는 부자가 되고 싶어서 그러는 줄 알았는데 나중에 대화를 해 보니 이윤을 많이 남겨서 지역 사회에 나눔을 실천하고 싶다고 하였다.

  내가 음료를 여러 잔을 마시면 그렇게 음료를 많이 마셔도 되겠냐며 걱정 어린 말을 해 준다. 카페를 나가면 어디 가냐고 물어보고 카페에 들어오면 어디 다녀오셨냐고 관심을 가지고 물어본다. 그런 그녀의 관심이 기분 나쁘지 않다. 그런데 나한테만 그러는 게 아니다. 카페에 오는 손님마다 관심을 가지고 대화를 나누어 단골이 많아졌다.

  그리하여 이 카페에 오면 동네 사람들을 알게 되고 친해지게 된다. 카페에 앉아 있다가 알게 된 한 아주머니는 제주도에 다녀왔다며 오메기떡을 한 개 주셨다. 또 어떤 아주머니는 과자나 먹을 것을 가끔 주신다. 우리는 만날 때마다 인사를 하며 더욱 친해졌다.

카페에 오면 내가 항상 앉는 자리가 있다. 창밖이 내다보이는 창가 자리인데 동네 거리가 내다보여 동네 사람들이 다 보인다. 창밖 바로 앞에는 마을버스 정류장이 있어서 늘 그 시간에 8번 버스를 타는 3학년쯤 된 초등학생도 보이고, 젊음 그 자체가 전 재산인 듯한 젊은이들, 지금 한창 파릇파릇하고 예쁜 인왕중학교 학생들, 워커에 의지해 겨우 걷는 할머니와 할아버지 노부부 등 마을 사람들이 버스를 기다리고 있는 모습이 보인다. 길 건너 청년이 운영하는 돈까스 집은 점심시간인데도 손님이 하나도 없다. 젊은이가 잘되어야 나라에 희망이 있는데……. 염려하며 바라보는 돈까스 집이다.

거리에는 리어카에 박스를 가득 싣고 구부정한 허리를 한 할머니가 지나가신다. 유아차에 쌍둥이를 태우고 행복해하며 수다를 떨며 지나가는 젊은 부부도 있다.

마을 사람들이 드나드는, 마을이 내다보이는 카페는 커피도 무척 싸다. 아이스 아메리카노가 2,000원이다. 그것도 1,700원이었는데 가게 운영이 어려워서 인상한다고 안내문을 걸고 얼마 전에 올린 가격이다. 부담 없이 언제든지 들를 수 있는 카페이다.

  여사장이 없을 때 파트타임으로 일하는 조카가 있다. 이 청년과도 자주 대화를 나누어 친해졌다. 내가 예전에 연희초등학교에 근무한 적이 있었는데 그 학교 졸업생이라고 했다. 교회에 열심인 건실한 젊은이로 아주아주 친절하다. 내가 이따 또 오겠다 하면 "언제든지요"라고 하고 오늘은 오래 앉아 있을 거라고 해도 "얼마든지요"라고 하고 화장실 열쇠를 달라고 여러 번 말해도 언제나 친절하게 대답한다.

  우리 동네 카페는 나에게 쉼의 장소이다. 이 카페에 가면 마음이 편안하고 행복해진다. 나는 우리 동네 카페가 참 좋다.

우리 동네 떡집

　우리 동네 길 건너 새벽이면 어김없이 가게 불이 켜지는 떡집이 있다. 한번 가서 떡을 사서 맛을 보니 소문난 집도 아닌데 떡이 꽤나 맛있었다. 선친이 지금은 별세하셨지만 살아 계실 때 투병 중인 아버지가 인절미가 먹고 싶다고 해서 떡집에 갔는데 다 팔리고 없었다. 내가 사정을 말씀드리니 꿍쳐 두었던 찰떡을 꺼내서 고물을 무쳐서 한 팩 싸 주셨다. 그 이후로 떡집 사장님께 호감을 갖게 되었다.

　이 떡집 사장님과는 에피소드가 하나 있다. 내가 정동교회에 다닐 때 일 년간 구역장을 맡게 되었다. 구역장은 수요 찬양 예배 때 자기 구역이 주최가 되어 예배를 드리게 되면 구역 회원에게 간식을 대접하는 관례가 있다. 난 맛있게 먹었던 이 떡집 떡이 생각나 그것을 대접하기로 마음먹었다. 팥찰떡 한 말을 주문하고 교회 주소와 내 핸드폰 번호를 말씀드리니 사장님이 메모지에 받아 적으셨다. 글씨를 보니 어눌하게 쓰시는 것이 초등학교나 졸업했을 듯한 글씨체였다. 잠시 후 무뚝뚝하게 생긴 부인인 듯한 여자가 나타나 되받아 적으셨다. 순진한 소년같이 생긴 사장님과는 달리 부인은 퉁명스럽고 친절하지 않으며 말씨는 간결하고 딱딱했다.

마침 주문한 수요일이 되었다. 그런데 가는 날이 장날이라고 비가 억수같이 쏟아졌다. 하늘에 구멍이라도 난 듯이 비가 퍼부었다. 걱정이 되어 떡집에 가 보니 사장님은 벌써 팥찰떡을 박스에 담아 오토바이 뒤에 싣고 우비를 입고 출발하려는 참이었다. 난 만류하고 싶었으나 교회 약속 때문에 출발을 지켜볼 수밖에 없었다. 비는 야속하게도 세차게 내리고 있었다. 버스를 타고 가면서 '하나님, 사장님을 지켜 주옵소서' 하는 기도가 절로 나왔다.

교회에 도착해 보니 벌써 지정된 곳에 떡이 담긴 박스를 두고 사장님은 떠나고 안 계셨다. 우리 구역은 사장님 덕분에 떡을 맛있게 먹을 수 있었고 어디서 이렇게 맛있는 떡을 주문했냐고 칭찬을 많이 해 주셨다.

며칠 후 나는 미안한 마음을 머금고 떡집으로 갔다. 그리고 그날 죄송했다고 너무 감사하다고 말씀드렸다. 사장님은 한껏 여유를 보이시면서 씨익 웃으셨다.

 요즘도 새벽 기도를 가려고 버스 정류장에 서 있노라면 떡집에는 여전히 불이 켜져 있다. 일생 동안 묵묵히 떡을 찌는 일을 천직으로 여기시고 나름대로 노하우를 갖고 성실히 일하시는 떡집 사장님, 이런 분이 세상에 계셔서 세상은 더 밝고 희망이 있는 거라고 여겨진다.

우리 동네 택시 기사님

내가 정동 교회에 다닐 때 일이다. 담임 목사님께서 일주일에 한 번 토요일 정도는 교회에 와서 새벽 기도를 드리라고 말씀하셨다. 그래서 월요일부터 금요일까지는 영상으로 새벽 기도를 드리고 토요일에는 교회에 가서 새벽 기도를 드렸다. 우리 집에서 교회를 가려면 마을버스를 타고 홍제역에 가서 일반 버스로 갈아타야 하는데 그 시간에는 카페가 운행을 하지 않아 택시를 타고 갈 수밖에 없었다. 그래서 토요일 새벽 5시면 골목 어귀에서 나와 택시를 잡아야 한다. 어느 날 새벽 5시 토요일마다 그 시간에 택시를 타고 가는 걸 아시던 동네 택시 기사님이 동네 골목 앞에서 기다리고 계셨다. 이 일을 계기로 매주 토요일이면 으레 그 기사님이 같은 장소에서 기다리시게 되었다.

어느 토요일 기사님 친척분이 돌아가셔서 지방에 가셔

야 해서 사모님을 옆 좌석에 태우고 기다리고 계셨다가 나를 교회까지 데려다주고 장례에 가셨다. 난 너무 고마워서 지갑에 있는 삼 만 원을 꺼내서 가는 길에 휴게소에서 아침 식사라도 하고 가시라고 드렸다. 그랬더니 한사코 거절하시면서 던져 주셨다. 난 좌석에 삼 만 원을 놓고 내렸다.

한번은 사순절이라서 교회에서 일주일간 특별새벽기도회를 드리게 되었다. 나는 기사님께 말씀드리니 일주일간 태워다 주시겠다고 하셨다. 하루는 눈을 떠 보니 화장도 해야 되는데 5시였다. 난 급히 기사님께 전화를 해서 다음에 택시비를 드릴 테니 오늘은 그냥 가시라고 말씀드렸다. 기사님은 기다릴 테니 빨리 준비하고 나오라고 하셨다. 기사님 덕분에 사순절 특별 새벽 기도를 빠지지 않고 참여할 수 있었다.

내가 종암동 언니네 집에 갈 때면 새벽 기도에 태워다 주신 후에 다시 7시에 오셔서 언니네 집까지 태워다 주기도 하셨다. 중간에 갔다가 시간 맞춰 오시는 것이 어렵다고 하시면서도 꼭 시간 맞춰 오셔서 기다리고 계셨다. 제주도 갈 때도 김포공항까지 태워다 주셨다. 마치 자가

용이 있는 것처럼 편리했다.

　기사님은 홍제동 토박이시고 40년간 택시 기사님으로 종사하셨다고 한다. 새벽이면 어김없이 일어나 40년 넘게 택시 운전을 하신 기사님이야말로 진정한 애국자이신 것 같다. 이렇게 맡은 일에 묵묵히 최선을 다하는 국민이 있기에 우리나라가 이렇게 건재한 것이 아닌가 생각한다.

　안타깝게도 내가 정동 교회를 떠나게 되어서 더 이상 택시 기사님이 안 기다리셔도 되었다. 난 전화로 마지막 인사를 드리면서 감사 인사를 하게 계좌번호를 알려 달라고 했다. 기사님은 단호히 거절하시고 그 이후 연락이 끊어졌다. 생각할 때마다 고맙고 그리운 택시 기사님이시다.

우리 동네 돈까스 집

 나는 살이 쪄서 아침, 저녁은 밥을 먹지 않고 그릭 요거트, 볶은 귀리 등을 먹고 점심 한 끼만 사 먹는다. 매번 음식점을 고르는 일도 번거롭다. 햄버거를 일주일에 한 번 정도 저렴하고 맛있어서 사 먹었는데 아는 권사님이 햄버거에 들어 있는 고기가 몸에 해롭다고 해서 안 먹다 보니 선택의 폭이 좁아졌다.

 어느 날 회초밥을 먹으려고 골목을 들어가는데 허름한 돈까스 집에 사람들이 많이 있는 게 보였다. 순간 나는 맛있나 보다 하는 생각에 그 집에 들어갔다. 10평 남짓한 조그만 공간에 좌석이 꽉 차고 한 자리만 남아서 겨우 거기에 앉았다. 일단 가격이 쌌다. 돈까스가 단돈 9,000원이다. 부부가 운영을 해서 인건비가 안 들어서 그럴 수도 있겠다. 돈까스가 나왔는데 아주 푸짐하고 맛있었다. 안내문을 보니 '국내산 등심만을 사용하여 신선함을 유지하기 위해 아침마다 돈까스를 만듭니다. 소스는 직접 만들어 사용합니다. 건강한 한 끼를 드리고자 정성을 다하겠습니다. 맛있게 드시고 건강하세요'라고 씌어 있었다. 참 믿음이 가는 문구였다.

양이 많아 돈까스 몇 조각을 남겼더니 주인 아저씨가 "남기셨네요"라며 걱정스레 쳐다봤다. 진심인 것 같았다. 나는 그 이후로 그 돈까스 집의 단골손님이 되었다. 두 번째로 갔을 때부터 주인 부부는 날 알아보고 반갑게 인사를 했다. 어느 날 점심때는 자리가 없어서 그냥 돌아가는 손님이 있을 정도로 잘된다.

8월 어느 날, 그날도 돈까스를 먹으려고 그 집에 갔다. 그런데 음식점 앞에 어떤 아가씨가 서 있었다. 가까이 가보니 '여름 휴가 갑니다'란 문구와 함께 날짜가 적혀 있었다. 우연히 그 아가씨가 핸드폰으로 통화하는 소리를 들었다. 돈까스 집에 왔는데 휴가 가서 그냥 돌아간다고, 가격이 9,000원이고 엄청 맛있어서 찾아왔는데 문을 닫았다고 아쉽다는 대화를 하고 있었다. 그 아가씨 말에 공감을 하며 다른 음식점으로 발길을 돌릴 수밖에 없었다.

얼마 후 다시 그 돈까스 집에 갔는데 어깨 수술을 하여

한 달 정도 기간을 쉰다고 안내문이 씌어 있었다. 새벽에 나와 저녁 늦게까지 돈까스를 만들어 팔다 보니 몸이 고장 난 것 같아서 안타까웠다.

뒷골목 한적한 곳에 위치한 허름한 돈가스 집, 그런데 사람들이 붐빈다. 주인 부부의 손님 입장에서 손님에게 건강한 음식을 제공하겠다는 진심이 통한 것 같다.

우리 동네 미장원

 나는 단골인 미장원이 있었다. 한 달에 한 번씩 염색을 하는데 하고 나면 머리에 두드러기 같은 것이 나서 독한 염색약을 쓰는 것 같아서 다른 미장원으로 옮기기로 했다.
 새로 옮긴 미장원 원장은 새초롬하니 말이 없고 어떻게 보면 인상을 쓰고 있는 듯하게도 보이고 외모도 꾸미지 않아 미장원 원장 같지 않은 분이었다. 원장이 그렇다 보니 손님이 별로 없었다. 그래서 예약하고 거기에는 편한 면이 있기도 했다. 처음에 머리를 염색하고 커트를 했는데 아주 마음에 들지는 않지만 그런대로 괜찮아서 계속 가게 되었다. 그런데 벽을 보니 미용대회에서 대상을 두 번이나 받은 경력이 있는 실력 있는 미용사였다.
 원장은 단골이 된 이후 오래 지나서야 비로소 말문을 열었다. 근처 교회에 다니는 크리스천이었다. 내가 연희초교에 근무했을 때 친하게 지내던 C교사가 다니는 교회였다. 내가 C교사의 근황을 물으니 소상히 말해 주었다. 같은 기독교인이라 친근감이 들어서 나도 기독교인이고 초등학교 교사인데 정년퇴직을 했노라고 말을 했다. 우리는 미장원에 갈 때마다 대화를 나누지만 여전히 별로 말이 없으시다.

그녀는 말은 없지만 독한 제품을 쓰지 않아서 머리가 잘 상하지 않았다. 그렇다 보니 파마가 잘 나오지 않은 적이 많다. 어떤 여자분은 파마가 잘 나오지 않았다며 다시 파마를 하고 간 일이 있을 정도다. 나도 파마를 했는데 잘 안 나와서 한 달 만에 다시 해야 하는 적도 있었다. 그래도 나는 본래 남에게 싫은 소리를 못하는 성격이라 다시 해 달라고 못하고 한 달 후에 다시 파마를 해야만 했다. 그래도 원장은 파마 약을 독한 것으로 바꾸지 않았다.

염색도 그렇다. 전에 미장원에서는 염색 후 두드러기가 났었는데 지금은 그렇지 않다. 독하지 않은 약한 성분의 제품을 사용해서 그런 게 아닌가 생각된다.

독한 제품을 쓰지 않는 원장의 진심이 통했는지 요즘은 손님이 많아졌다. 예약을 하려고 해도 선약이 있어서 못할 때가 있을 정도다. 자기가 조금 손해 보더라도 손님의 머리 건강을 생각하는 그 원장님의 진심이 통한 것 같다.

눈에 반짝 보이는 인기에 편승하지 않고 양심에 어긋나지 않게 시술을 하는 원장님! 오히려 이런 분위기와 그런 그녀의 전략이 마을에서 통한 것이다. 우리가 어떻게 세상을 살 것인가를 배울 수 있게 해 주는 이야기다.

우리 동네 호떡집

　올봄에 우리 동네에 호떡집이 생겼다. 문 열기 전 호떡, 옥수수, 붕어빵이라고 쓰여 있어서 동생에게 간식을 사다 줄 수 있는 곳이 생겨서 내심 기뻤다.
　4월의 어느 일요일, 교회 갔다가 길을 건너려고 하는데 드디어 호떡집이 문을 열었다. 반가워서 들어가 보니 나이 지긋한 할아버지가 주인이셨다. 돈을 직접 받지 않고 매대에 종이 상자를 놓고 손님이 스스로 돈을 내고 잔돈을 챙겨 가는 새로운 계산법이었다. 난 호떡과 옥수수를 주문하고 돌아보니 사는 사람이 많아 기다리고 있었다. 드디어 내 차례가 되어 호떡 6,000원, 옥수수 3,000원을 계산하고 나니 1,000원이 남았다. 난 할아버지를 도와주고 싶기도 해서 잔돈 1,000원을 가지고 가지 않았다. 주인 할아버지가 눈여겨보셨는지 1,000원을 집어 주셨다. 난 1,000원은 아무짝에도 쓸모가 없다고 하며 부득불 거절하고 받지 않았다. 그랬더니 옥수수 한 봉지를 성큼 집어 들고 주시는 것이 아닌가? 난 아니라고 한사코 거절했더니 검은 비닐봉지에 쑥 넣고는 봉지를 내미셨다. 미안하기도 하고 감사하기도 하고 한편으로는 훈훈한 마음을 가진 분을 만난 것 같아 기쁜 마음으로 집으로 향했다.

여름이 되면서부터는 호두과자를 파셨다. 난 호두과자를 5,000원어치 달라고 했다. 그랬더니 한 개가 모자란다면서 4,000원만 받으셨다. 난 또 이익을 본 것이다.

여름철 38도가 넘는 더위에도 호떡집에는 에어컨이 없다. 주인 할아버지는 덥지도 않으신지 하루 종일 의자에 앉아 손님을 기다리신다.

호떡이 잘 안 팔릴 때는 꽃도 팔고, 선풍기도 팔고, 팥빙수도 파신다. 가게 간판은 이전에 하던 금은방 간판 그대로 있다. 평일인데 가게 문이 닫혀 있을 때면 할아버지가 어디 아프신가 염려가 되기도 한다.

장사가 잘 안될 터인데도 자존심을 지키시는 호떡집 할아버지, 더운 날에도 꿋꿋이 에어컨도 켜지 않고 가게를 지키시는 할아버지, 이윤이 많이 남지 않을 텐데 넉넉히 베푸시는 할아버지는 이 땅의 자랑스러운 할아버지시다.

II
나와 함께하는 사람들

내가 은평초등학교와 세검정초등학교 근무 시 교감선생님이 두 분 다 관상학을 연구하신 분이셨는데 두 분 다 나에게 말년운과 재물운은 있는데 인복이 없다고 하셨다. 생각해 보니 어려서부터 나는 사람들과의 관계가 원만하지 못했던 것 같다. 왜인지는 모르겠으나 내 주변의 사람들이 나에게 호감을 갖기보다는 주변의 다른 사람들 편을 드는 경우가 많았었다.

  그럼에도 불구하고 나랑 수십 년간 관계를 맺고 사랑하며 인연을 맺고 사는 소중한 분들이 많이 있다. 30여 년 전 은평초등학교에서 처음 만나 가장 오래된 모임인 은우회(은평 벗들 모임) 선생님들, 인왕초에서 매주 목요일 함께 모여 예배를 드리다가 학교를 떠나면서 모임이 된 인왕 신우회, 건강을 위해 황톳길을 걷자며 결성된 정동 교회 모임인 황톳길 모임, 첫 근무 학교인 예일초등학교에서 함께 근무했던 것이 인연이 되어 만들어진 예우회(예일초 벗들 모임), 은평초등학교에서 선후배로 만나 지금은 30여 년간 친구처럼 지내는 C선생님, 인왕초등학교에서 알게 되어 서로 마음이 통하여 친구가 된 K선생님, 새로 옮긴 공덕 교회에서 나를 잘 인도하여 교회

내면 깊숙이 끌어들여 준 K권사님 등 나를 아껴 주고 사랑하여 주시는 많은 분들이 있어 나는 참 행복하다.

은우회
(은평 벗들 모임)

 은우회 선생님들은 내가 사립초등학교에서 나와 첫 공립학교인 은평초등학교로 발령받아 갔을 때 같은 해에 같이 발령받아 알게 된 분들이다. 그때에는 한 학교에 4년간 근무하던 시기로 동 학년을 했던 분들도 계시고 그냥 알고만 지내던 분들도 계시는데 모두 같이 은평초등학교를 떠나면서 LM선생님이 우리 모임을 만들자는 의견을 내서서 모두 서로에게 호감을 갖고 있던 터라 모두 너무 좋아 결성된 모임이다. 우리는 한 달에 한 번씩 모임을 갖는데 대체로 백화점에서 만나 식사하고 차를 마시며 담소를 나누다가 각 층을 한 바퀴 둘러보고 헤어지는 게 보통이다. 예전에는 제주도, 부산 등과 같은 곳에 여행도 갔었고 가끔 호텔 뷔페를 가기도 한다.
 우리를 더욱 끈끈하게 이어지게 한 것은 서로에게 신뢰가 기반이 되었고 정치 성향도 같고 대화 시 서로 공감을 느끼는 부분이 많아 함께 웃고 함께 즐길 수 있다는 것이다.

종교는 LM선생님만 불교이고 나머지 셋은 기독교인데 서로에게 허용적이기 때문에 종교 때문에 마찰이 있었던 적은 없다.

LM선생님은 말을 맛깔나게 잘하시고 우스갯소리, 위트가 넘치는 말을 자주 해서 모임의 분위기를 화기애애하게 하여 항상 우리를 웃게 만들고 분위기를 띄우는 분이다. LM선생님은 어렸을 때 엄청 부유하게 살다가 하루아침에 집안이 안 좋아져 엄청 힘든 생활을 경험해 보았기 때문에 근검절약을 철저히 하시는 분이다. LM선생님의 이러한 근검절약 정신은 시집와서 가난했던 집안을 일으켜 집도 여러 채이시고, 양주에 농장도 소유하고 계시는 부자이시다. 그래도 여전히 돈을 엄청 아껴서 화장도 안 하시고 옷도 안 사 입으신다. 그러면서도 자식이나 남편에게는 몇 천만 원씩 베푸시며 그런 데서 성취와 기쁨을 누리시는 듯하다. LM선생님의 근검절약 정신은 나에게 귀감이 되며 실제로 쇼핑을 잘하는 나에게 뼈 있는 충고도 하신다.

LS선생님은 대한민국 대표 잉꼬부부시다. 늘 서로에게 고맙다는 말을 하시면서 사랑하고 아껴 주는 독실한 기독교 가정이다. 남편은 E교회 장로님이신데 아내에게 항상 비싼 옷을 사 입으라고 하셔도 LS선생님은 싼 옷만 사 입으시고 LM선생님처럼 엄청 아끼며 경제적이시다. LS선생님은 미술에 재능이 있으셔서 퇴임 후 수채화를 그리는 화가로 변신을 하셨다. LS선생님의 이러한 행보는 내가 이 책을 쓰게 된 동기를 부여해 주셨다.
　C선생님은 지적이고 패션 감각이 뛰어난 멋쟁이이시다. 모임 때마다 멋있는 복장을 하고 나오셔서 우리에게 신선한 충격을 준다. 남편분은 F대학교 교수님으로 퇴임을 하셔서 지금은 부부가 친구처럼 지내면서 여행도 하면서 멋지게 지내신다. C선생님은 라인 댄스의 대가이다. C선생님이 보내 준 동영상을 보니 프로가 저리 가라 할 정도로 수준급 실력을 자랑하신다. 열정적으로 살아가는 C선생님의 모습은 항상 나에게 부러움의 대상이다.
　우리 은우회 모임은 모두 법 없이도 살 수 있을 정도의 양심적이고 모범적으로 사는 사람들의 모임이며 가장 오래된 모임이다.

인왕 신우회

인왕 신우회는 인왕초등학교에서 근무할 때 매주 목요일마다 수업 끝나고 모여서 예배를 드리던 선생님들의 모임이다.

S선생님 주관으로 예배가 시작되었는데 첫 예배를 뚜렷이 기억한다. 첫 예배 때 S선생님의 교실에서 예배를 드렸는데 그때 마음이 뜨거워지면서 눈물이 났던 기억이 난다. 그래서 나는 이 예배 모임을 하나님이 기뻐하시고 함께하신다는 확신을 가지고 열심히 예배에 참석하였다. 우리는 일주일에 한 번 만나 예배를 드리고 나눔을 하면서 서로 공감대를 형성하게 되었다. 정기 인사로 이동을 하게 되어 학교를 떠나게 되면서 더 이상 예배를 드리지 못하게 되었는데 얼마 후 연락이 되어서 인왕 신우회라는 이름으로 모임을 갖게 되었다.

우리는 자주 만나지는 않지만 카톡방을 만들어 S선생

님이 매일 말씀과 예배를 올려 주고 기도 제목이 있을 때마다 카톡방에 올려서 같이 중보 기도를 해 준다. 나는 새벽 기도를 드릴 때마다 인왕 신우회 선생님 한 분 한 분을 위해서 기도를 하고 특별히 기도 요청이 있을 때는 집중적으로 더 기도를 한다.

이 모임을 처음 만들자고 제안하고 주도하고 있는 S선생님은 B교회 집사님이고 지금은 명예 퇴임을 하고 강사로 활동 중이다. 매우 강직하고 주관이 뚜렷하여 현직에 있을 때도 직원 회의 때 소신 있는 발언을 하곤 했던 것이 기억이 난다. 외동딸이 있는데 엄마를 이어받아 자기도 초등학교 교사가 되겠다고 서울교대를 졸업하여 지금 서울에서 초등학교 교사로 재직 중이다.

S선생님의 강직하고 소신 있는 성격과 행동은 항상 나의 귀감이 되고 있으며 매일 올려 주시는 말씀에 은혜를 많이 받고 있다.

L선생님은 소녀 같고 아주 여성스러우면서도 외유내강한 분이시다. 나랑 동갑내기인데 인왕초에서 2학년을 담임할 때 바로 옆 반 선생님이서서 도움을 많이 받았다. 두 딸이 있는데 첫째는 외무고시에 합격하여 외교부

에 근무하고 있고 둘째는 초등학교 교사로 국제결혼을 해서 독일인 남편을 두고 있다. L선생님은 매우 알뜰하여 두 딸에게 모두 아파트를 장만해 주었으며 봉제를 배워 기술이 수준급이어서 지난번에 만났을 때 자기가 만든 원피스를 입고 자기가 만든 가방을 들고 나왔다. L선생님의 이렇게 열심히 사는 모습은 나에게 본보기가 되고도 남을 정도다.

B선생님은 매우 성실하고 올곧은 성격의 소유자로서 사랑이 많은 분이다. 작년 말에 내가 정신적으로 힘들어 카톡에 기도 요청을 올렸는데 당장 만나자고 해서 모임을 열어서 내 얘기를 다 들어 주던 고마운 선생님이다. 현직에 있을 때 교과 담당을 많이 했는데 얼마나 잘 가르쳤는지 사춘기 아이들이 교원능력개발 평가에서 '매우 잘함'을 받은 능력 있는 교사이다. 우리 모임의 회계를 맡고 있는데 신실하게 회계 처리를 잘하고 있는 순수한 마음이 호감이 많이 가는 선생님이다.

우리 인왕 신우회는 신앙을 기반으로 해서 서로 기도의 동역자가 되어 주는 마음 든든한 모임이다.

황톳길 모임

정동 교회에 다닐 때 의료 선교에서 함께 봉사하던 B집사님이 건강에 관심이 많은데 같이 황톳길을 걷자며 결성한 모임이다.

처음에는 서대문구청 뒤에 있는 황톳길을 걸으려고 모임을 만들었는데 지금은 매주 화요일 11시에 홍제폭포 카페에서 만나 영어 성경을 읽고 점심을 먹은 뒤 황톳길을 걷는 모임으로 발전을 했다.

점심은 건강 모임이니만큼 건강에 좋은 걸로 각자 맡아서 준비해 와서 나누어 먹는데 J집사님은 계란, Y집사님은 고구마, 나는 감자, B집사님은 여러 가지 간식을 준비해 온다. 이렇게 정해졌지만 과일, 커피, 요거트 등 곁들여 많이들 갖고 와서 항상 풍성하고 푸짐하다.

J집사님은 서로 알아 온 지 가장 오래된 분으로 초창기 해외 의료 선교 멤버로 같이 활동하다가 알게 되었

는데 이번 황톳길 모임을 같이 하면서 더욱 두터운 친분을 가지게 되었다. J집사님은 거리에 앉아서 나물이나 채소를 파는 가난한 노인을 그냥 지나치지 못하고 물건을 꼭 사 주고야 마는 인정이 많은 분이시다. 말씀에 재치와 위트가 넘치고 요리도 아주 잘하신다. 우리 황톳길 모임에서 달걀을 삶아 오는 것을 맡으셨는데 그냥 삶아 온 적이 한 번도 없고 갖가지 요리로 변신시켜 달걀 요리를 해 오신다. 우리에게 호박죽도 쑤어서 한 병씩 주시고 누룽지도 만들어 주신다. J집사님은 의료 봉사를 하실 때도 전천후 약방의 감초같이 필요한 부분에 적재적소 일을 맡아서 잘 해내시는 매우 지혜로운 분이시다.

Y집사님은 은평 성모 병원 간호사로서 정년을 맞고 지금은 시인으로 등단을 하여 시집을 출판하신 시인이시다. 박사학위 소지자로 서울 간호대에서 강의를 하시는데 전혀 박사티를 내지 않고 매우 겸손하다. 정동 교회에서 의료봉사를 같이하다 알게 되었으며 황톳길 모임을 같이하면서 친해지게 되었다.

Y집사님은 우간다에도 갔다 오시고 의료 봉사에 매

우 헌신적으로 일하시는 인간적으로도 매우 인간미가 넘치는 아름다운 분이다.

B집사님은 우리 단톡방에 건강 상식이 담긴 유튜브 동영상을 많이 올려 주어서 우리에게 도움을 주는데 나는 십여 년간 다이어트를 위해 먹던 허벌라이프 셰이크를 덕분에 끊고 그릭 요거트와 볶은 귀리 등 건강식을 먹게 되었다. B 집사님이 셰이크를 오래 먹으면 불면증, 머리가 빠지는 부작용이 있다고 해서 충격을 받고 당장 끊고 건강식으로 전환하게 되었다. 이 부분에 있어서 B 집사님께 고마운 마음을 가지고 있다.

B집사님은 영어 강사로 오래 활동해 오시고 번역서를 낸 적도 있고 정동 교회 3부 예배에서 동시통역도 할 정도로 영어 실력자다. 우리 황톳길 모임에서 영어 성경을 읽을 때 모임을 리드해서 많은 도움을 준다. 매우 톡톡 튀는 젊은이 같은 감성을 지니고 있어서 B집사님을 통하여 요즘 세상 돌아가는 이야기를 알게 된다. B집사님은 나와 같은 싱글이라고 나를 많이 걱정해 주고 챙겨 주어서 늘 고마운 사람이다.

황톳길 모임은 모임이 결성된 지는 가장 짧으나 가장

자주 만나는 모임이고 서로 배울 점이 많아 나는 이 모임이 있어 하나님께 감사하다.

예우회
(예일초등학교 벗들 모임)

예우회는 첫 학교였던 예일초가 인연이 되어 만들어진 모임이다. 예일초등학교에서 만 9년을 근무한 뒤 공립학교로 옮겼는데 오랫동안 서로 연락을 하지 않고 지내다가 마지막 학교인 수리초등학교에서 Y선생님은 강사로 오면서 알게 되었다. 그런데 Y선생님과 퇴근길에 버스에서 우연히 만나서 이야기를 하던 중에 Y선생님이 예일초등학교에 근무했다고 하고 나도 거기서 있었던 적이 있다고 대화하면서 알게 되어 서로 호감을 갖게 되었다.

그러다가 코로나 때 Y선생님과 동 학년을 하게 되면서 더 가까워지게 되었고 Y선생님이 H선생님과 친하게 지내는 것을 알게 되면서 셋이서 만나게 되었고 자연스럽게 모임을 하게 되었다.

H선생님은 예일초등학교에서 친하게 지내던 선생님이고 학교를 떠난 후로는 연락을 안 하고 지내다가 Y선

생님을 매개로 하여 모임을 갖게 되었다. H선생님은 동안이라서 60이 가까운 지금 나이에도 아가씨 같고 매우 다재다능하며 한번 일을 시작하면 열정적으로 한다. 퇴임 후에도 쉬지 않고 강사로 뛰는 등 계속 일을 하더니 대학원에도 진학하여 학구열을 불태우고 그러면서 나전칠기를 배워 전시회까지 열었다. 그동안 Y선생님이 바빠서 만나지 못하고 있었는데 얼마 전 나전칠기 전시회를 한다고 카톡을 보내왔다. 꽃다발을 들고 대학로에서 하는 전시회에 가 보니 남편과 동반 전시회를 하고 있었다. 전시회 주제는 '어쩌다 다시 봄'이란 인생철학이 담긴 주제로 혜화아트센터 1 전시관에서 하고 있었다. 남편은 H선생님보다 더 수준급으로 부부가 하모니를 이루어 전시회를 연 모습이 매우 아름다워 보였다. 초보가 아니라 전문 작가로 활동하기에 손색이 없었으며 남편은 훈민정음을 모티브로 하여 작품 활동을 하는데 미국에서도 전시회를 했단다.

  H선생님의 이런 도전적인 모습 또한 나에게 이 책을 쓰게 하는 동기부여가 되었고 H선생님의 인생을 살아가는 모습은 언제나 나의 귀감이 된다.

Y선생님은 서두에 밝혔듯이 수리초등학교에서 동 학년을 같이하면서 가깝게 되었다. 그때가 코로나 시기여서 줌으로 수업을 하고 컴퓨터 작업이 많이 필요할 때였는데 컴맹인 나에게 Y선생님이 많은 도움을 주어 그때의 고마움을 지금도 잊지 않고 있다. Y선생님의 남편은 공기업에 근무해 넉넉지 않은 형편에 딸과 아들을 모두 미국으로 유학 보내고 자기는 검소하게 사는 열혈 엄마이다. 그리고 요리를 무척 잘해서 손수 요리를 만들어 뷔페로 전 학년 선생님들을 대접한 적도 있다. Y선생님은 살림꾼이다. 그러면서도 방학 때마다 틈을 내어 외국 여행을 다닌다. 인생을 활기차고 지혜롭게 사는 Y선생님의 모습은 나에게 항상 많은 도전이 된다.

 예우회 모임은 자주 만나지는 못하지만 집안의 애경사가 있을 때 함께 웃고 우는 그런 따뜻한 마음을 주고받는 모임이며 항상 서로를 생각하고 그리워하며 지내고 있다.

C선생님

 C선생님은 내가 사립학교에서 나와 첫 공립학교인 은평초등학교에서 알게 된 친구 같은 후배이다. 그때 C선생님은 결혼 전이었는데 우리는 같은 싱글로서 서로 가깝게 지냈다. 당시 은평초등학교에 근무했던 여러 명의 싱글끼리 딱히 모임이라고 할 수는 없지만 같이 어울려 다니면서 지냈는데 그때 L선생님이 운전을 해서 같이 여행도 가고 하면서 친하게 지냈다. 은평초에서 C선생님을 포함해서 5~6명 정도가 처총회(처녀 총각 모임)가 구성이 되어서 북한산 등반도 가고 2차, 3차 다니면서 재미있게 지냈던 것 같다.

 대전 엑스포를 할 때는 선생님 집이 대전이라 선생님 집에서 1박을 하면서 대전 시내 구경도 했다.

 그 후 C선생님이 결혼을 하게 되면서 선생님 어머니가 연로하셔서 결혼준비를 도와줄 형편이 안되어 내가 같이 남대문 시장에 가서 그릇 장만하는 것도 도와주었다.

C선생님은 결혼 후 부부 싸움을 하고 우리 집에서 하룻밤 자고 간 적도 있다. 그 후 선생님이 강남 일원동으로 이사를 하면서 우리는 방학 때마다 만나고 근무 시엔 가끔 전화 통화도 하면서 지금까지 친구 같은 관계를 이어 오고 있다.

C선생님은 사업을 하는 분과 결혼해서 현재 1남 1여를 두고 있다. 강남에 살지만 매우 알뜰하게 생활하며. 몇십년 전 학교 알뜰 시장에서 만원 주고 산 가방을 지금까지 들고 다닌다. 옷도 인터넷에서 철 지나 싸게 파는 옷을 구입하며, 그것도 자주 사 입지 않는다. 어쩌다 새 옷을 입고 와서 물어보면 1만 원이나 2만 원 주고 샀다고 한다. 패딩은 남편이 사 준 것 하나로 몇 해째 겨울을 나고 있다. 선생님의 이러한 검소한 생활은 내가 본받아야 할 점이다.

선생님과 한번 통화하면 한 시간 가까이 말을 한다. 나는 항상 들어 주는 편이고 선생님이 거의 얘기를 한다. 그러나 C선생님이 누구에게나 그렇게 말을 많이 하는 것은 아니다. 나를 믿고 성향이 같고 서로 공감하는 부분이 많기 때문에 나한테 말을 많이 한다고 한다. C선생님은 힘들거나 우울할 때 나한테 전화를 하면 나는 말을 많이 들어 주며 위안이 되어 준다.

  C선생님은 나에게 오래된 변치 않는 친구 같은 존재이다. 선생님은 주장이 뚜렷하고 매우 강직한 성격의 소유자이다. 온유한 나와는 대비되는 점이라 할 수 있다. 그러나 그러한 점이 조화를 이루어 서로의 관계를 돈독히 이어지게 하는 건지 모르겠다. 나는 C선생님의 검소하고 근면성실하고 강직한 점을 좋아한다. 내가 가지지 못한 점을 가지고 있어 부러움이라고나 할까? 아무튼 C선생님은 내 인생의 동반자로서 내 곁에 친구와 같이 있어 주는 고마운 사람이다.

K선생님

　K선생님은 인왕초등학교에서 만나 같이 근무하던, C선생님처럼 나에게 친구와 같은 존재이다.

　인왕초등학교에 있을 때 우리는 동 학년이 아닌데도 서로에게 끌리는 호감을 갖게 되었다. 그러다가 동 학년을 하고 서로 크리스천이라는 것을 알게 된 이후에 급격히 가까워졌다.

　내가 K선생님을 좋아하게 된 것은 현직에 있을 때 아이들에게 하나님의 말씀을 전도하는 일을 과감히 하고 있었다는 점이다. 원래 공직에서는 종교 활동을 금지하게 되어 있다. 가끔 가다 학교에 종교 활동을 하지 말라는 공문이 내려오고 실제로 아이들에게 전도하다가 문제가 되는 일이 종종 있었다. 그런데 K선생님은 믿음으로 아이들에게 말씀 전파하는 일을 하고 있었다는 것이다. 선생님이 워낙 사랑으로 아이들을 잘 품어 주고 있기 때문에 그러한 종교 활동이 문제가 된 적이 한 번도 없다. 나 같은 경우 학부모총회 때 내가 신앙으로 정립된 후 비로소 모든 아이들을 사랑하게 되었다는 것을 밝히고 매일 아침 일찍 출근하여 아이들을 위해 기도하고 있다는 정도, 그리고 내가 교회에 다닌다는 것을 밝히고 신앙인으로서 모범을 보이려고 노력하는 소극적인 전도를 하는 것에 비해 K선생님의 적극적인 전도 활동은 나에게 많은 귀감이 되었다.

또 내가 K선생님을 좋아하게 된 이유가 있다. 지금은 학교가 많이 민주화되고 청렴해졌지만 그때 당시만 해도 교사들이 더 좋은 학년을 맡으려고 교장과 교감들에게 돈봉투를 상납하던 때이다. 그런 때에 K선생님은 하나님 보시기에 부끄러운 부조리를 단호히 배제하고 안 좋은 학년, 고학년을 담임하여 고생을 자처했다. 그러고는 인왕초등학교를 떠날 때 몇 십만 원을 6학년 부장에게 주어 어려운 아이의 장학금으로 쓰라고 준 적이 있다. 이 사실을 알게 된 이후 나는 더욱 K선생님을 좋아하게 되었다.

우리는 학교를 떠난 이후에도 계속 친구와 같은 만남을 이어 오면서 기도의 동역자로 서로에게 힘을 보태고 있다.

나는 남에게 말 못 할 부끄러운 일이 있어도 K선생님에게는 의논하고 기도 요청을 하곤 한다.

K선생님은 외유내강인 사람이다. 겉으로는 부드럽고 선한데 속은 단단하고 잘 여문 사람이다. 현직에 있을 때 이러한 포근함으로 아이들을 잘 품어 가는 그리스도의 사랑이 몸에 배어 있는 유능하고 존경받는 교사였다. 선생님이 명예퇴임을 한다고 했을 때 나는 K선생님의 퇴임은 국가적 손실이라고 생각했다.

K선생님은 동료 교사로서나 그리스도인으로서나 무척 배울 점이 많은 친구 같은 존재이다. 나도 십일조를 드리는 일에는 다른 사람 못지않게 정확히 드린다고 자부하고 있는데 K선생님은 세금을 떼기 전의 급여 액수에서 십일조를 한다고 했다. K선생님의 이러한 신앙생활은 항상 나보다 한발 앞서고 있는 셈이다.

나는 K선생님과 인생의 동반자로서 서로 교감을 나누며 아름답게 인생을 살고 싶다.

K권사님

K권사님은 내가 공덕 교회로 옮긴 후 알게 된 권사님으로서 가장 최근에 친해진 분이다.

공덕 교회에 처음 가서 예배를 드리고 공감홀에서 식사를 하고 있는데 통통하고 안경을 쓴, 나와 이미지가 비슷한 분이 말을 건네셨다. 그 후 점심 식사를 같이하면서 점차 친해졌으며 처음에 공덕 교회에 갈 때는 교회 일에 깊숙이 관여하지 않고 예배만 드리려고 했는데 K권사님의 권유로 수요 성경공부도 참여하게 되고 토요 교회 청소 봉사도 하다가 마침내 새벽 기도까지 하게 되면서 교회 깊숙이 발을 디디게 되었다.

K권사님의 장점은 말을 맛깔나게 잘하신다는 것이다. 나는 본래 말이 없는 성격인데 K권사님과 대화하면 3시간도 넘게 대화가 이어진다.

K권사님의 돌아가신 모친은 공덕 교회를 헌신적으로

섬겼던 분이고 대를 이어 K권사님도 피아노 반주로, 성가대 봉사로, 토요 청소 봉사로, 속회 인도자로서 교회에 없어서는 안 될 기둥 같은 역할을 하신다. K권사님은 마포지방 문화부장으로 봉사하고 계시고 특별히 부부가 아름다운 섬김을 하는데 남편 되시는 L권사님은 건축을 전공하셔서 건설회사에서 지금까지 근무하시는 전문가이신데 토요 청소 봉사를 하면서 교회 구석구석을 청소하고 살피시고 성가대 봉사도 같이하신다.

K권사님과 나는 매주 수요일 새벽 기도가 끝나고 수요 성경 공부 때까지 3시간 넘게 교회 주변을 유람하며 데이트를 한다. 그러면서 서로에 대해 많이 알게 되었는데 K권사님은 시집가셔서 남편과 시댁을 전도하여 구원을 하셨다. 그리고 노숙자 집회에 가서 10년 가까이 피아노 반주로 헌신 봉사하셨다.

K권사님은 집안의 맏딸로 대학 시절부터 피아노 레슨을 하여 친정의 생계를 도왔다.

K권사님은 매우 긍정적이고 쾌활한 성격의 소유자로 4년 전 대장암 3기 판정을 받아 투병을 하셨는데 전혀 그런 흔적을 찾아볼 수 없을 정도로 유쾌하고 명랑하시다.

내 동생

　내 동생은 나와 네 살 차이이고 누나 셋을 둔, 부모님이 무척 사랑하고 위하던 아들이다.

　내 동생은 컴퓨터 기술자이고 아버지를 닮아 절약하는 아들이다. 어렸을 때 선친과 동물원에 놀러 갔을 때 옥수수를 사 준다고 하자 한 개 사서 나누어 먹자고 한 일화가 있다.

　동생은 직장 때문에 대전에 가서 살았는데 일자리를 잃어서 내가 매달 50만 원을 보내 주었는데 그 돈으로 생활비를 쓰고 저축까지 하며 살았다.

　대전에 본인 소유의 아파트에서 월세가 나오고 내가 매월 50만 원을 주는데 하나도 안 쓰고 저축을 한다. 내기 필요할 때 쓰라고 카드를 주었는데도 하나도 안 쓰고 매월 핸드폰 요금만 빠져나간다. 2층에 사는 나는 겨울에 난방비가 20만 원 정도 나오는데 동생은 5만 원 남짓 가정에 매우 헌신적인 분이셨다.

부모님은 우리나라가 경제적으로 어려웠던 1950년대에 가정을 이루어 아끼며 저축해서 평생 집 한 칸 장만하고 자식을 키우던 세대분들이다.

부모님 덕분에 우리 자녀들은 나중에 유산도 상속받고 형제간에 우애 있게 잘 살고 있다.

우리 가족은 바이올리니스트 아버지와 전업주부셨던 어머니 그리고 그 사이에서 태어난 삼녀일남으로 총 6명이다.

선친은 우리나라 1세대 바이올린 연주자로 KBS 교향악단에서도 연주하셨고 목동에서 바이올린 학원을 운영하는 등 수많은 후학을 길러 내던 분이시다.

모친은 황해도 분으로 6·25 때 남쪽으로 피난을 내려왔다가 선친을 만나서 결혼하셨고 평생 가정과 교회밖에 모르는 조선 시대 여인같이 남편에게 순종하며 사셨던 분이다.

선친과 모친은 선친이 교회 성가대 지휘자로 헌신하시고 모친은 성가대원으로 봉사하시다가 서로 알게 되어 결혼하셨고 그래서 우리 집은 기독교 집안이다.

선친은 매우 근검절약하셨던 분이셨다. 평소에 짜장면만 사 드시면서 돈을 모으셨고 옷도 교회 바자회를 할 때 싸구려 옷을 사 입으셔서 내가 백화점에서 절기마다 사다 드리는 옷만 입으셨다.

모친은 남편 허락 없이는 외출을 하지 않으셨으며 오랫동안 삼시세끼를 따뜻한 밥을 지어 남편을 드렸으며

III
우리 가족

같이 대화를 나누다 보면 그런 활력 에너지가 나한테까지 전달되어 덩달아 기분이 좋아진다.

K권사님 덕분에 수요일마다 교회 주변 마포구의 유명한 맛집을 투어하고 있다. 마녀김밥, 해장국집, 곰탕반집 등 다음에는 어디로 데리고 가실지 기대가 된다.

정동 교회에 24년을 다녔는데도 마음을 나눌 친구가 없었는데 공덕 교회에 와서 일 년도 안 되어 절친이 생겼다. 짧은 기간 동안 나도 나에 대해 많은 것을 K권사님께 얘기해 버렸다. K권사님은 내 얘기를 듣고 나를 위해 조언을 많이 해 주신다.

학창 시절 도덕 시간에 인생에서 3명의 진정한 친구를 얻으면 성공한 거라고 배운 생각이 난다. K권사님은 앞으로 나의 인생길에서 교회 친구로 죽을 때까지 함께 계실 분이고 이러한 인연을 맺어 주신 하나님께 감사드린다.

밖에 안 나온다. 내가 난방을 따뜻하게 하고 있으라고 해도 말을 안 듣는다. 여름에도 에어컨이 있는데 요즘처럼 무더운 날씨에도 전혀 사용하지 않는다. 전기 사용료를 보면 알 수 있다. 옷도 안 사 입는다. 내가 동생이 필요할 것 같아 새 옷을 사 주면 안 입어서 반품해야 해서 아예 사질 않는다. 그리고 내가 사다 주는 음식만 먹고 그 이상의 돈을 쓰지 않는다.

나는 이런 동생이 한편으로는 고맙다. 내가 쇼핑을 많이 하는데 동생까지 낭비하면 지출이 감당하기가 어려울 텐데 구두쇠 동생을 두어 그나마 유지하고 사는 것 같다.

운동도 산책이나 자전거 타기 등 돈 안 드는 것만 한다. 내가 없을 때 내가 쿠팡에서 주문해서 배송 온 박스가 도착하면 2층까지 올려다 놓는 마음이 따뜻한 동생이다.

동생이 대전에 살 때 좀 더 생활비를 많이 보내 주지 못하고 챙겨 주지 못한 게 늘 미안하다.

내 동생은 도리에 어긋나는 일을 절대 하지 않는다. 한마디로 법 없이도 살 수 있는 그런 유형의 사람이다. 거의 모든 사람이 그렇지만 지금까지 법을 어기는 행동을 한 적이 한 번도 없다.

더우니까 누나 카드로 음료수라도 사 마시라고 해도 동생은 거의 사 먹지 않는다. 군대 가서 담배를 배워서 피우다가 담뱃값이 오르자 단번에 끊어 버렸다.

내 동생이 나처럼 싱글이라서 노후에 병이라도 들면 돌봐 줄 자식이 없어서 걱정이다. 그래서 건강하게 살다가 아름다운 임종을 맞게 해 달라고 기도한다.

그리고 누나들은 다 하나님을 믿는 기독교인이라서 죽으면 구원을 얻을 텐데 동생만 믿음이 없어서 걱정이다. 그래서 동생에게 한 가지 바라는 게 있다면 예수님을 영접하고 구원받는 일이다.

돈 쓰라고 해도 절대 안 쓰는 구두쇠 동생, 누나를 배려하는 따뜻한 마음을 가진 동생이 항상 미안하고 고맙다.

큰언니

 우리 큰언니는 나와 다섯 살 차이로 우리 집 장녀로 태어났다. 맏이로서 권위를 내세우지 않고 늘 동생들의 의견을 잘 따라 주는 마음 착한 언니이다. 어렸을 때는 까칠하고 예민한 성격이었는데 아들을 낳은 뒤 마음이 순해지고 여유가 생겼다.

 큰언니에게 고마운 것은 선친이 뇌경색으로 쓰러져 3년간 투병 생활을 했을 때 부친의 대소변을 받아 내며 간병을 해 준 일이다. 나와 같이 생활하던 아버지를 내가 그때 현직에 있어 돌볼 수가 없어서 언니에게 하던 일을 그만두고 부친을 간병해 달라고 부탁했을 때 두말하지 않고 선뜻 들어주었다. 그래서 낮에는 언니가 부친을 돌보고 밤에는 내가 돌보고 해서 부친의 마지막 가는 길을 후회 없이 효도를 다하고 보내 드릴 수 있었다.

 큰언니는 혼자서 모든 어려움을 극복하고 아들을 훌륭

히 잘 키워 냈다. 그래서 아들이 공무원 시험에 합격해서 서울시 공무원으로서 결혼도 하고 아파트도 장만해서 잘 살고 있다. 언니가 개인적인 삶을 포기하고 아들에게 올인해서 잘 키워 낸 덕분이다.

언니는 절약하는 삶의 본보기가 되는 삶을 산다. 국민 연금, 노령 연금, 빌라 월세를 합해서 100만 원 남짓한 돈으로 저축하며 산다. 언니가 지금 살고 있는 빌라를 살 때 내가 5,000만 원을 빌려주었는데 언니는 저축해서 조금씩 갚아서 지금 1,600만 원 남았다.

언니는 성당에 다니는데 외방 선교회, 마리아 수녀회, 가톨릭 평화 방송을 매달 정기적으로 후원을 하고 있는데 여유가 좀 생겼다며 후원금을 늘리겠다고 하는 걸 내가 그만하면 됐다고 말렸다.

그런 언니에게 경도인지장애가 왔다. 자꾸 깜빡해서 아들이 데리고 가서 검사를 해 보니 경도인지장애라는 판정이 나와서 은평성모병원에 다니면서 약을 복용하고 있는 중이다. 난 그런 언니에게 조금이나마 도움이 될까 해서 매일 새벽마다 축복 문자를 보내고 자주 전화를 해서 통화한다. 언니는 내가 보내는 문자를 되받아서 답장 문자를 꼭 보낸다.

 선친 병간을 해 준 고마운 언니, 마음에 부담 없이 언제나 전화할 수 있는 친구 같은 언니가 있어 나는 행복하고 이런 좋은 언니가 건강하고 행복하게 잘 살다가 천국에 갔으면 좋겠다.

작은언니

 우리 작은언니는 나와는 세 살 차이이고 우리 집 회계를 맡아 보고 있는 아주 야무진 언니이다.

 작은언니는 똑똑하고 지혜로워서 나에게 조언을 많이 해 주는 고마운 언니이다. 나는 작은언니에게 많이 의지하며 지내 오고 있다. 선친이 돌아가신 후 유산 분배를 할 때 그동안 수고했다며 동생과 나에게 집을 상속받게 양보해 주었다. 그뿐만 아니라 여행 다닐 때마다 부모님을 잘 모셨다며 여행이나 좋은 곳에 가면 나를 데리고 다닌다. 나 혼자는 여행을 못 갔을 텐데 언니 덕분에 강원도 구석구석을 여러 번 여행했고 매주 목요일마다 가까운 교외의 경치 좋은 곳으로 나를 데리고 운동을 다닌다. 그래서 서울 근교 전망 좋은 카페는 거의 다 가보았다. 언니랑 운동할 때마다 힐링하는 느낌이라서 참 좋다.

 언니는 내가 쇼핑을 많이 한다고 늘 걱정을 한다. 그러다가 길바닥에 나앉게 된다고 충고도 한다. 그럴 때마다 자제해야겠다고 다짐을 하곤 하는데 조금씩 나아지는 것 같기도 하다.

나는 가구, 가전제품을 바꿀 때 언니랑 의논을 하는데 그러면 언니가 가구와 가전제품은 돈을 좀 주고라도 좋은 것으로 사야 한다며 백화점에서 좋은 물건을 가장 저렴한 가격으로 사서 우리 집으로 배달시켜 준다. 세탁기와 식탁, 화장대와 서랍장, 붙박이장도 언니가 바꾸어 준 것이다.

언니는 늘 나를 염려해 준다. 지금 이 글을 쓰는 순간에도 새벽 기도 갔다가 핸드폰을 잃어버렸던 경험을 말하면서 내 핸드폰에 위치 추적 시스템과 안심 보호를 설치하라고 전화를 했다.

언니는 신앙심이 나보다 더 깊다. 헌금과 기부도 많이 한다. 선교사님과 목사님, 어려운 교회에 수십만 원씩 헌금을 한다. 봄에 남쪽에 산불이 났을 때도 30만 원 기부를 했고 매월 국경없는의사회, 세이브더칠드런 등 여러 곳에 정기후원을 하며 매일 새벽 기도를 한 시간 이상씩 한다.

언니의 취미는 카페에서 종교 서적을 읽는 것이다. 언니는 이 시간을 아주 좋아해서 일주일에 두세 번은 꼭 카페에 가서 책을 읽는다. 언니가 좋은 종교 서적을 많이 소개해 주어서 나도 감명 깊게 읽은 적이 있다.

언니는 극성 엄마이다. 아이들에게 재산을 물려주지 말고 고기 낚는 법을 가르쳐 주어야 한다면서 자녀 교육에 많은 투자를 했다. 최근에도 조카가 교회에서 청년부 수련회를 했는데 부부가 같이 따라갔다.

언니는 알뜰 주부이다. 아들을 결혼시키려면 4억이 필요하다며 열심히 돈을 모은다. 채소와 야채가 싼 곳, 육류가 싼 곳, 공산품이 싼 곳을 비교해 가면서 날품을 팔아 여기저기 싼 곳을 찾아다니며 구매를 한다. 가격이 쌀 때 많이 사서 손수 요리를 해서 저장해 두기도 한다.

작은언니는 우리나라 경제를 일으키는 데 기여해 온 현명하고 알뜰한 주부이자 신앙인이다.

형부

우리 형부는 둘째 언니 남편이고 현대 건설에서 수십 년간 근무하시다가 지금 칠순인데도 감리사 자격증이 있어서 작은 회사에서 일하신다.

우리 집이 다가구 주택이라서 수리하거나 리모델링을 할 일이 많은데 형부가 아는 건축업자를 소개해 주고 집에 와서 꼼꼼히 살펴 주어서 나는 그냥 대금만 지불하면 되어서 참 편하다.

퇴임 후에는 5월에 종합소득세 신고를 하는데 형부가 다 해 준다. 내가 컴맹이라 잘 못하는 일을 형부는 시간을 내어 잘 처리해 주어서 나는 돈만 내면 되게 해 준다. 참 고마운 형부다.

형부는 가족을 무척 아끼고 사랑한다. 수십 년 전의 일이다. 작은언니가 나와 같은 동네에 살 때의 일이다. 내가 후배 C선생님과 같이 백화점에 갔다가 좌석 버스를 타고 오면서 형부는 언니와 쇼핑을 하면 쇼핑백을 들고 따라다닌다고 얘기하고 있는데, 바로 앞 좌석에 언니와 쇼핑백을 든 형부가 앉아 있어서 웃은 적이 있다.

형부는 아들도 무척 사랑한다. 집집마다 아버지와 아들이 갈등이 있는 것을 종종 보곤 하는데 형부와 조카 사이에는 그러한 갈등이 전혀 없다. 언젠가 함께 갈비를 먹으러 간 적이 있었다. 조카가 고기를 좋아하는데 형부는 조카 먹으라고 고기를 잘 못 드시고 갈비뼈만 뜯고 있었다. 나는 그때 형부가 가족을 많이 사랑하는 걸 느꼈다.

형부는 매우 검소하다. 옷도 싸구려 옷만 입고 잘 사 입지 않는다. 월급을 거의 언니에게 주는데 용돈을 모아서 가정제품 소품들을 사 오곤 한다.

형부는 언니가 잔소리를 많이 하여도 목소리를 높이지 않고 받아넘긴다. 요즘 나이가 들수록 더욱 고개를 숙이는 여유가 생긴 것 같다. 언니가 요리를 해서 식사를 준비하면 형부는 설거지를 한다. 빨래도 개고 쓰레기 분리수거도 한다. 참 가정적이고 좋은 아버지이자 남편이다.

형부는 수십 년간 현대 건설에 근무하시면서 사우디아라비아에 3년간 파견되어 발전소를 건설해 주는 등 우리

나라 경제 발전에 기여를 했고, 한 가정의 가장으로서 가족을 사랑하면서 지켜 온 이 시대의 모범적인 가장이자 국민이다.

조카 J

조카 J는 큰언니의 외동아들이자 우리 집 첫째 손자이다. 조카 J는 어렸을 때 우리 집과 같은 동네에서 살았다. 거의 매일 언니가 아들을 데리고 우리 집에 놀러 온 것 같다. 그러면 선친이 로봇 조립하는 것을 사 주어서 그걸 가지고 놀곤 했다. 지금도 잘생겼지만 어렸을 때 눈이 아주 크고 예쁘게 생긴 사내아이였다.

조카 J는 내가 은평초교에 근무할 때 1학년에 입학을 했는데 이모가 은평초 선생님이라고 하니 와서 찾아본 모양이다. 조카 J는 "이모 학교에 없던데?" 하고 말했다. 그래서 "이모는 5학년 8반 선생님이야" 하고 답변했더니 와서 확인해 보고는 이후 동네 꼬마들을 몽땅 데리고 와서는 자랑을 했다.

조카 J는 군대에 가서 허리를 다쳐서 국가유공자이다. 그리고 모두 공무원이 되고 싶어 할 때 어려운 경쟁률을

뚫고 당당히 합격해서 지금 서울시 공무원이다.

조카 J는 어렵게 살아서 그런지 집에 대한 욕심이 많다. 그래서 부동산에 관심을 가지고 집중적으로 공부해서 부동산에 대한 지식이 풍부하다. 종잣돈이 모이면 여기저기 투자를 해서 빌라도 몇 채 있는 모양이다. "난 집이 없으면 결혼 안 할 거야" 하더니 아파트에 당첨되어 결혼해서 잘 살고 있다. 결혼 4년 차쯤 되었는데 아직 아이가 없는 것이 흠이기는 하다.

조카 J와 나는 계절마다 한 번씩 만나서 같이 식사하고 쇼핑도 한다. 내가 현직에 있을 때는 비싼 것도 사 주었는데 요즘 은퇴한 이후로는 조카 J가 비싼 것을 사지 않는다. 이모의 주머니 생각을 해 준 것이다.

조카 J는 초등학교 4학년 때 부모의 이혼을 겪고 사춘기에도 빗나가지 않고 바르게 잘 자라 주었다. 충암고 시절에는 학급에서 임원을 맡아 학급 회계 관리를 하는 등 모범적인 학창 생활을 했다. 공부를 좀 안 해서 M대학을 졸업하기는 했지만 군대에 갔다 와서 정신을 차리고 공부해서 공무원이 되었다.

조카 J는 성격이 원만하고 좋아서 친구들도 많다. 그

래서 할아버지 장례식 때 친구들과 직장 동료들이 많이 조문을 왔었다. 친구가 소개해 준 여자를 만나 결혼도 했다.

나는 이런 조카 J가 늘 고맙다. 어려운 환경에 굴하지 않고 열심히 노력하여 알뜰살뜰 사는 모습이 늘 고맙고 자랑스럽다.

다만 아쉬운 것은 하나님에 대한 믿음이 아직 없다는 것이다. 조카 J에게 바라는 것이 있다면 인생길에서 주님을 만나 믿음의 길을 가는 것이다.

조카 J는 치열한 경쟁 속에서 자신의 정체성을 만들어 가고 있는 우리나라의 요즘 젊은이다.

조카 S

조카 S는 둘째 언니의 딸로서 세 아이를 낳아 잘 양육하고 있는 똑순이 엄마이자 내과 의사이다.

예전에 조카 S가 어렸을 때 형부가 사우디아라비아에 파견 가 있을 때 언니와 조카 S가 우리 집에 들어와서 산 적이 있었다. 그래서 그런지 난 조카 S에게 애틋한 감정을 가지고 있다.

내가 은평초교에 근무했을 때 조카 S도 같은 학교에 다녔다. 그때 우리 반 아이들이 "선생님, 누구예요?" 해서 나는 "선생님 딸이다" 그랬더니 선생님에게 숨겨 둔 딸이 있다며 학부형들 사이에 헛소문이 나돌기도 했다.

조카 S는 어렸을 때부터 미에 관심이 많아 머리를 길게 늘어뜨리고 3학년 때도 뚱뚱해 보일까 봐 겨울에도 내복을 안 입으려고 했다.

조카 S는 고려대 신소재학과를 졸업하고 재학 중에 영

국 대학에 1년간 교환 학생으로 다녀온 수재이다. 대학 졸업 후 의학전문대학원에 들어가 의사가 되었다.

조카 S가 대학생 때 가끔 만나 함께 영화도 보고 쇼핑도 하는 등 데이트를 하곤 했다. 나는 그때의 행복했던 기억을 지금도 추억으로 간직하고 있다.

조카 S가 의학전문대학원에 들어간 이후로는 너무 바빠서 거의 만나지는 못했다. 조카 S는 같은 의학전문대학원생인 지금의 남편을 만나 결혼을 했다. 첫아이를 낳고 인턴과 레지던트 생활을 하면서 너무 힘들어서 아이를 두 번이나 유산하는 아픔을 겪었다. 조카 S는 매일 샛별을 보면서 출근하고 밤중에 퇴근을 해야 했다. 첫째 아이는 거의 시어머니가 함께 살면서 키워 주셨다. 다행히 둘째를 낳고 셋째는 예쁜 딸을 낳아서 세 아이의 엄마로서 훌륭하게 아이들을 잘 키우면서 지금은 행복하게 살고 있다.

대학 병원의 내시경 의사로서 아침 일찍 출근해서 오전 근무만 하고 오후에는 집에 돌아와 세 아이를 돌보고 있다. 첫아이가 초등학교에 들어갈 무렵 아이 교육을 위해서 개포동으로 이사를 가서 첫째는 강남 유일의 사립초교인 계성초교를 다니고 있다.

조카사위는 마취통증과 의사로서 강남 성모 병원에 근무하다가 친구와 함께 개원을 했는데 매우 가정적인 남편이자 아빠로서 세 아이들과 잘 놀아 주고 집안일도 같이하면서 알뜰살뜰 살고 있다.

조카 S는 쇼핑해서 자기 옷을 사 입을 시간이 없어서 내가 주는 옷을 물려받아서 입고 있다. 셋째 아이의 백일 때 가 보니 옷장 가득히 내가 준 옷들로 꽉 차 있었다.

조카 S가 세 아이를 지혜롭게 잘 키우는 것을 보면 참 신기하다. 조카 S는 변혁의 시대에 자기의 인생을 잘 개척하면서 살아 내는 현명한 신세대 주부이자 의사이다.

조카 K

조카 K는 둘째 언니의 아들로서 아주 순진하고 반듯한 기독 청년이다.

내가 불광초교에 근무했을 때 둘째 언니와 같은 학교에서 근무를 했는데 언니는 조카 K를 데리고 다녔다.

하루는 학교에서 알뜰 시장을 해서 운동장을 돌아다니다가 조카 K를 만났다. "이모가 뭐 사 먹게 돈 좀 줄까?" 했더니 "이모 나 돈 필요 없어" 하며 고개를 절레절레 흔들며 사양했다. 아기였을 때 기어다닐 때도 화장대 물건 만지지 말라고 하면 절대 안 만지는 아이였다. 우리 집에 와서 선친이 돈을 주면 집에 갈 때 흘리고 간다.

중학교 때 하도 어리고 나이답지 않게 순진해서 "너 친구는 있니?" 하고 물어보니 "나하고 놀아 주는 친구가 몇 명은 있어"라고 대답했다.

조카 K는 대학 졸업 후 약사가 되려고 약학대학원 진

학을 위해 공부하다가 포기하고 폴리텍 대학에 들어가서 공부한 후 지금의 정보처리 계통의 일을 하게 되었다. 조카는 마음이 너무 여려서 거친 사람을 만나면 상처를 받고 이겨 내질 못하고 직장을 나온다. 첫 번째 직장에서도 그랬고 두 번째 쿠팡 계열 회사를 다닐 때도 괴롭히는 동료 때문에 직장을 그만두었다.

조카 K의 좋은 점은 세 조카 중 유일하게 교회를 다니며 신앙생활을 한다는 것이다. 조카 K는 교회 다니는 것을 무척 좋아하며 처음 받은 월급을 몽땅 헌금했을 정도로 헌금하는 것을 좋아한다. 교회에서 연탄 배달하는 무료 봉사를 하고 특별 새벽 기도회 때 차량 봉사를 하는 등 모범적인 신앙생활을 해서 교회에서 표창장도 받았다.

조카 K는 몸무게가 150kg이 넘는 거구이다. 지금은 운동을 많이 해서 10여 kg 뺐다고 하지만 여전히 너무 뚱뚱하다. 조카 K가 회사를 다닐 때 토요일에 근무하는 대신에 목요일이 휴가라 그때부터 언니와 조카 K랑 셋이서 조카 K가 운전을 해서 교외로 나가서 운동을 했는데 지금까지 계속하고 있다. 작년에는 매주 목요일마다 광릉수목원에 가서 걸었고 요즘은 춘천, 산정호수, 마장호수,

철원 고성 등 공기 맑고 경치 좋은 교외로 나가서 몇 시간씩 운동도 하고 맛있는 점심도 먹고 전망 좋은 카페에 가서 쉬기도 한다. 덕분에 나도 매주 목요일은 힐링하는 시간을 갖게 된다.

조카 K는 신앙심이 깊고 절대 곁길로 빠질 줄 모르고 곧은 길만 갈 줄 아는 여리고 순수한 이 시대의 청년이다.

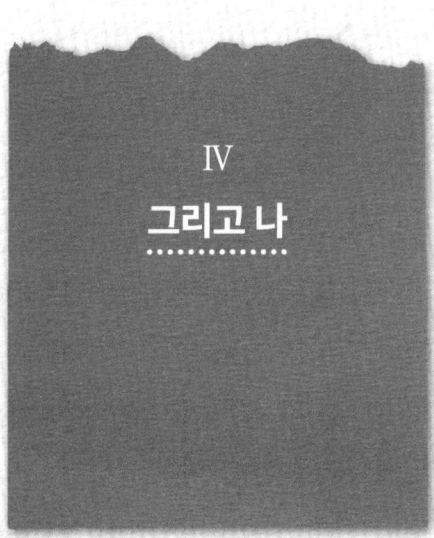

IV
그리고 나

나를 지금까지 있게 한 것은 바로 신앙이다. 과거의 삶에서 도려내고 싶은 부분도 있었지만 못난 과거도 소중히 여기고 사랑하라는 설교 말씀에 지나간 과거도 소중히 여기며 살고 있다. 그러한 지난날이 있었기에 오늘의 변화된 내가 존재하는 것이라 생각된다.

작은 일에 감사하며 사는 것이 행복한 삶이라는 말이 있다. 나야말로 요즘 모든 것이 하나하나 다 감사하다. 크게 부자는 아니지만 끼니 걱정 안 하고 사는 게 감사하고, 부모님이 물려주신 집 한 채가 있어서 이사 다닐 염려가 없는 것도 감사하고, 우리 가족이 모두 경제적 어려움 없이 건강하게 잘 사는 것도 감사하고, 내가 아직은 건강하다는 것도 감사하고, 나에게 소중한 사람들이 있어서 감사하고, 쿠팡에서 쇼핑을 할 수 있는 것도 감사하고, 은혜롭게 예배를 드리는 교회에 다니는 것도 감사하는 등 감사의 조건들이 너무 많다. 그러고 보니 나는 행복한 사람이다.

내가 사랑하고 소중히 여기는 것들, 우리 교회, 우리 집에 사는 사람들, 나의 신앙 이야기, 나의 해외 의료 선교 이야기, 하나님께서 내게 주신 사명이라고 생각하는 것, 마지막으로 내가 매일 드리는 기도 등을 이 장에 담았다.

우리 교회

우리 교회는 마포구에서 가장 오래된 교회이며 백 명 남짓 모이는 작은 교회이다.

우리 목사님은 교회가 신앙의 방향을 제시해야 한다며 교회가 길을 잃었다며 교회의 본질인 창조 영성을 회복하고자 외로이 고군분투하시는 어지신 목사님이시다. 설교 때마다 모든 사람을 차별 없이 사랑하라고 하시면서 긍휼히 여기는 마음을 강조하신다.

사모님은 평화 시장에서 의복을 구입해서 입으시고 근처 아파트 아이를 돌보는 일을 하신다. 교회 청소에 솔선수범을 보이시고 예찬을 준비하는 토요일마다 손마디가 아프신데도 야채 써는 일에 몸을 아끼지 않으시고 손수 하신다. 이런 사모님을 볼 때마다 마음이 짠하다.

우리 교회는 토요일마다 청소를 하고 주일 점심 식사를 위해 예찬을 준비한다. 목사님께서 팔을 걷어붙이시고 앞장서신다. 수십 년간 토요일마다 청소 봉사하고 예찬을 준비하는 고정적으로 헌신하는 일꾼들이 있어서 교회가 잘 유지된다.

하나님이 다 내려다보고 아신다고 양심에 비추어 한 점의 부끄럼 없이 교회 바닥을 열심히 물걸레질하는 남자 장로님과 권사님, 요리를 해서 교인들을 섬기는 일을 사명으로 아시고 헌신하시는 80세 노 권사님, 토요일마다 수고한다며 더운 날은 누룽지 백숙, 비 오는 날은 감자탕을 끓여 주시는 요리 천재 여자 장로님, 정원을 가꾸는 데 특별한 은사가 있어서 정원 관리로 헌신하시는 식물 의사 권사님, 겸손하게 허드렛일을 마다하지 않고 봉사 헌신하시는 장로님 부부 등이 있어서 교회가 참 행복하다.

교회에 처음 갔을 때 주일 예배만 드리려고 했는데 얼마 지나지 않아 K권사님이 이끌어 주셔서 교회 등록도 하고 수요 성경 공부도 참석하다가 차츰 교회 청소, 예찬 봉사도 하고 새벽 기도도 매일 참석하게 되었다. K권사님은 나를 교회 안으로 깊숙이 들어오게 인도해 주신 고마운 분이다.

목사님은 정동 교회에서 부목사님으로 시무하실 때 해외 의료 선교도 같이 다니고 해서 잘 아는 분이다. 사실 공덕 교회로 오게 된 것도 목사님을 잘 알고 믿을 수 있는 분이기 때문에 옮긴 것이다. 목사님이 날 아주 반가이 맞아 주시고 교인들에게 좋게 소개해 주서서 교회에 적응하는 데 많은 도움이 되었다.

나는 K권사님과 같은 속이 되어 속회에 참여하게 되었는데 내가 속한 속회는 모두 소탈하고 정과 사랑이 많은 분들이시다. 우리 속회에 어느 권사님이 우리는 모두 죽을 때까지 같이 가야 할 사람들이니 서로 챙겨 줘야 한다고 말씀하셔서 마음이 짠했다.

우리 교회는 기복을 구하거나 인기에 편승하지 않고 교회의 본질을 회복하려는 지조 있는 교회이다. 우리 교회 사람들은 소박하고 정감이 있으며 서로 사랑하고 잘 챙겨 주는 좋은 사람들이다. 난 이런 우리 교회가 참 좋다.

우리 집에 사는 사람들

우리 집은 5가구가 모여 사는 다가구 주택이다. 지하 1호, 지하 2호, 1층, 2층, 옥탑으로 구성되어 있다.

이 집은 8년 전에 아버지가 서대문 세무서 앞에 있던 상가 건물을 파시고 사신 집이다. 선친이 유산을 집과 현금으로 나누어 놓아서 집은 동생과 내가 상속받고 현금은 두 언니가 나누어 가져서 형제들 간에 다툼 없이 유산 분배가 잘되었다.

우리 집은 욕심 없이 살면 행복하게 잘 살 수 있는 곳이다. 골목만 나가면 버스 정류장이 있고 평지에 위치해 있고, 홍제천이 5분 거리 안에 있어서 운동하기에도 좋으며 무엇보다도 동생은 옥탑방에서 살고 난 2층에 살아서 서로 사생활에 불편을 주지 않아서 살기에 편하다.

지하 1호는 예전에 90세 넘는 할아버지가 사셨던 곳이다. 할아버지가 치매에 걸리셔서 아들에게 요양원으로 모시라고 수없이 말하던 중 92세에 돌아가셨다. 비만 오면 집 안으로 물이 들이치던 곳이다. 형부의 소개로 집 수리업자를 잘 만나서 2천만 원 넘게 들여서 리모델링을 했는데 이제는 비가 아무리 와도 물이 안 들이친다. 집수리를 한 후 예쁜 아가씨가 이사를 왔다. K양은 41세라고 하는데 대학생처럼 젊고 예쁘게 생겼다. 처음 이사 온 후 집을 잘 단장해서 나를 초대해서 가 봤다. 허름한 지하 공간을 밝고 아기자기하게 깔끔히 꾸며 놓고 산다. 나를 언니라고 하며 잘 따라서 같이 식사도 여러 번 했다. 지난겨울 난방비가 많이 나온 것 같아서 형편이 어려울까 봐 한 달 월세를 감해 주었다. K양은 고마웠던지 얼마 후 동네 횟집에서 거나하게 날 대접해 주었다. 나이 같지 않게 매우 귀엽고 붙임성이 많은 아가씨다.

지하 2호에는 전에 주사가 있는 남자가 살았다. 사는 동안 한 번도 청소를 안 했는지 새로 리모델링한 집을 엉망으로 하고 살았다. 월세도 몇 달간 밀리고 속을 썩이더니 이사를 갔다. 새로 이사 온 분은 무엇보다도 여자분이라서 좋고 60대 정도 되어 보이는 마음 착한 분이다. 몇 달간 집을 비워서 무슨 일이냐고 문자를 보냈더니 동생이 아파서 동생 집에서 간병을 하고 있다고 했다. 나는 우리 집에 사는 사람들을 위해서 기도를 하는데 기도하고 있다고 문자를 보냈더니 감사하다며 수박도 주고 옥수수도 쪄 주셨다. 그리고 아들이 공군 진급 시험이 있는데 합격하게 해 달라고 기도 부탁도 하셨다. 난 그리스도인이 함께 살게 되어 너무 기뻤다.

1층에는 부동산에서 일하시는 사장님과 택시 기사인 남편과 아들이 산다. 우리가 이 집을 사기 전부터 살고 계시던 분이다. 선친이 살아 계실 때 남편이 교통사고를 내어 큰돈이 필요하다며 전세를 월세로 전환했다. 1층 분은 건물의 수도요금과 정화조 청소비가 나오면 각 층에 분배해서 받아서 함께 모아내는 일을 맡아서 해 주신다. 카톡으로 요금을 분배해서 보내시는데 항상 자기 집 요금을 제일 많이 매기신다. 명절 때마다 우리 집에 작은 거라도 꼭 선물을 주신다. 요즘 부동산이 어려운데도 억척스럽게 사시는 살림꾼이시다.

3년 전 퇴임을 한 후 연금으로는 살기가 어려울 줄 알았는데 세입자들이 월세를 제날짜에 꼬박꼬박 잘 내주어 부족함 없이 살고 있다. 하나님께서 십일조에 맞추어

수입이 들어오게 맞추어 주신 것 같다. 집을 물려주신 선친께도 감사하고 월세가 잘 나오도록 인도해 주신 하나님께도 감사하다. 별일이 없다면 우리 집에서 동생과 죽을 때까지 살고 싶다. 그래서 매일 기도하고 있다. 주님께서 우리 집을 안전하게 지켜 주시고 주님께서 축복해 주시는 반석 위의 공간이 되게 해 달라고.

나의 사명

정동 교회에 다닐 때 약 20년간 의료 선교에서 봉사를 했었다. 매월 격주로 교회 사회 교육관에서 외국인 노동자를 무료로 진료해 주는 일을 교회에서 했었는데 거기서 혈압 재는 일로 봉사를 했다.

방학 때면 해외로 의료 선교를 나가는데 17번 정도 다녀왔다. 초창기에는 몽골을 시작으로 스리랑카에 3번 갔었고 덕분에 아프리카 세네갈까지 다녀왔다. 이 일을 하나님이 주신 나의 사명이라고 생각하고 충성과 헌신을 다하였다. 그런데 교회를 옮기게 되면서 더 이상 그 교회에서 하는 의료 선교에 참여할 수 없게 되었다.

나는 매일 새벽 기도 때 하나님께 나의 새로운 사명을 구하게 되었다. 그러던 어느 날 은우회 모임에서 L선생님이 다문화 아이들을 지도하는 봉사를 해 보지 않겠냐는 제의를 했다. 그때 나는 기도하던 중에 받은 제의라 선뜻 승낙을 했다.

그리고 얼마 후 엄마가 베트남 사람인 4학년의 예쁜 아가씨 2명과 만나게 되었다. M양은 자기 반에서 키가 제일 크다고 할 정도로 훤칠하고 H양은 항상 마스크를 하고 다니는데 눈이 아주 예쁘게 생긴 아이다. 두 아가씨 모두 매우 착하고 순해서 난 거저먹기로 별 어려움 없이 준비한 것을 100% 가르치고 온다.

M양은 말괄량이이고 정이 많다. 수업 시간에 장난도 잘 치고 어느 비 오는 날에는 친구를 친구 집까지 우산을 씌워 준다고 수업을 30분이나 늦은 적도 있다. 두뇌가 명석하여 가르쳐 주는 것을 빨리 이해하고 학교에서 시험을 보면 거의 다 맞거나 한두 개 틀리는 정도이다. 그런데 글씨를 엉망으로 쓰고 정리정돈을 잘 못한다. 스티커 100개를 모으면 상품을 준다고 했는데 스티커 판을 구겨 다니다가 못 쓰게 되어 버린 적도 있다. 그렇지만 매우 활달하고 성격에 구김이 없이 해맑은 아가씨이고 친구를 무척 잘 챙겨 준다.

H양은 매우 여성스럽고 예쁜 아가씨다. 아주아주 성실하고 차분하다. 될 성싶은 나무라고나 할까? 어느

날 H양이 "선생님, 저는 열심히 하는데 왜 시험을 보면 50~60점을 맞을까요?"라고 물었다. 나는 "너는 공부를 잘할 수 있는 소질이 많아 잘할 거야"라고 격려해 주었다. 몇 달 후 H양은 수학 시험에서 100점을 받았다고 기뻐했다. 그 후로도 계속 백 점을 받고 학기 말 성적표에서 2개 영역만 보통이고 모두 잘함을 받았다고 했다. 한마디의 격려가 아이를 크게 성장하게 하여 줌이 감사하다. 2학기에는 학급 회장이 되었다고 했다. 참 순수하고 마음이 여리고 어여쁜 아가씨다.

나는 정동 교회에서 의료 봉사를 할 때는 내 전문 영역이 아니라서 한계를 많이 느꼈는데 두 아가씨를 가르치는 봉사를 하면서 내가 가진 재능을 기부하게 되어 참 감사하고 기쁨으로 하고 있다.

여름이 한창 무르익을 무렵 센터 팀장으로부터 또 한 여인의 한글을 가르쳐 줄 수 있겠냐고 제의가 왔다. A라는 포르투갈 여자이고 의사소통이 안 되어 우울증에 빠져 있고 경찰서에서 의뢰한 사람이라고 했다. 팀장은 나를 적극 지지하며 잘해 보라고 했다.

난 하나님이 주신 또 하나의 사명이라고 생각하고 기

쁨으로 A여인을 만났다. 우울증에 빠져 있다고 해서 걱정을 했는데 생각보다는 상태가 괜찮고 잘하려고 노력하는 모습이 보였다. 첫 번째 수업이 끝나고 A는 포르투갈어로 "저를 가르쳐 주셔서 감사합니다. 앞으로 열심히 노력하는 착한 학생이 되겠습니다"라고 말하고 번역기를 나에게 보여 주었다. 난 안도의 숨을 내쉬고 기뻐했다. 그녀의 말대로 잘은 못하지만 아주 열심히 공부했다. 자기가 집에서 아주 많이 공부하고 있다고 말을 하기도 하고 수업이 끝나고 가면서 손으로 하트를 만들고 가기도 한다. 나는 간단한 지시어는 영어로 말하고 긴 대화는 번역기를 통해서 의사소통을 한다. 어느 날엔가 그녀는 자기가 우울증에 빠져 있었는데 지금은 행복하다고 번역기를 통해 말하였다.

하나님의 역사는 위대하시다. 하나님은 지금도 살아계셔서 우리 가운데 역사하신다. 나는 작은 실천을 하지만 그를 통하여 하나님이 일하시고 역사하신다. 주님이 맡겨 주신 사명을 잘 감당하려고 할 때 주님은 함께 동행해 주시고 이루어 주신다. 하나님이 우리에게 주시고자 하는 것은 재앙이 아니고 평안과 행복이다. 우리는 주님이 주시는 한량없는 은혜를 그저 값없이 받기만 하면 되는 것이다.

나의 해외 의료 선교 이야기
(1)

제34차 스리랑카 해외 의료 선교를 마치고 돌아온 내가 제일 많이 들은 말은 "고생하셨습니다", "힘드셨지요?"와 같은 말들이다. 사실 떠나기 전에는 매우 두렵고 떨렸던 것 또한 어쩔 수 없는 일이었다. 코로나 동안 삼사 년 해외 의료 선교가 중단되었고 코로나 바로 전에는 부친 간병으로 인하여 의료 선교에 이삼 년 참여하지 못했기 때문에 실로 오 년여 만에 가는 해외 의료 선교였다. 그래서 걱정과 염려가 다른 때보다 많았다. 만나는 사람들에게 기도 요청을 했고 나 자신도 어느 때보다 기도를 많이 하고 떠난 해외 의료 선교였다. 그런데 공항에서 출발할 때부터 사역을 마칠 때까지 주님이 예비하신 놀라운 역사와 성령이 임재하심을 시시각각으로 체험하는 소중한 은혜의 시간이 되었다. 나는 돌아와서 성령이 충만해 있었고 주님께서 부어 주시는 새 힘이 솟아났다. 그리고 진정한 마음의 평안과 감사와 행복이 회복되었다.

'주님께 헌신하는 일은 고난의 길인가?' 우리 교회 의료 선교에서 매월 둘째 주와 넷째 주에 아가페 클리닉을 연다. 코로나 전에는 많은 외국인 근로자들이 와서 진료를 받았고 지금은 점차 자리를 잡아가는 과정에 있다. 여기에서 봉사하는 의사분들은 토요일까지 병원에서 일하시고 하루 쉬는 일요일에 아가페 클리닉에서 진료하시고 다음 날 월요일에 또 병원에 가서서 일하신다. 아가페 진료가 있는 주는 하루도 쉬지 못하시는 것이다. 또한 해외에 의료 선교를 나갈 때는 전날까지 진료하시고 해외 의료 선교에 참여하셨다가 새벽에 공항에 입국하신 뒤 그날 바로 병원에 가서서 진료를 하신다. 참으로 힘든 일이다. 보통 사람들은 잘 이해할 수 없는 고난의 길인 것이다. 그런데 그러한 고난을 기꺼이 감당하는 이유는 무엇일까? 여기에 비밀이 있다. 그것은 몸은 고단하지만 주님께서 마음에 말할 수 없는 은밀한 행복을 주신다는 것이다. 또한 그리스도인으로서의 소명감이나 사명감도 있을 것이다. 그래서 한번 해외 의료 선교를 다녀오면 계속해서 가는 이유가 여기에 있다. 어느 장로님은 농담으로 '뽕을 맞았다'고 하시기도 하신다. 주님의 일을 할 때 주님은 가만히 계시는 것이 아니라 주님의 일을 하는 사람을 통해 역사하신다. 그래서 주님을 경험하는 체험적인 신앙을 갖게 되는 것이다.

어느 날 마음에 기쁨이 사라지고 깊은 우울이 찾아왔다. 나는 처음 하나님을 만났던 뜨거운 마음을 회복하면 이 마음의 고통에서 벗어날 수 있을 거라는 생각이 들었다. 그러나 좀처럼 마음이 회복되지 않았다. 고통스러운 날들이 지나가고 있었다. 그즈음에 의료 선교에 참여하게 되었다. 월요일에 출근해서 아이들과 전쟁을 치러야 하는데 전날인 일요일 늦은 시간까지 아가페 클리닉에서 봉사한다는 것은 쉬운 일은 아니었다. 그러나 시간을 내어 봉사할 때마다 주님이 주시는 은혜가 있어서 계속하게 되었다. 어느 일요일 저녁, 아가페 클리닉 봉사를 마치고 집으로 가는데 마음에 뜨거운 성령이 강물처럼 흐르는 것을 체험하게 되었다. 그리고 해외 의료 선교에 참여하면서 점차 깊은 우울에서 회복되어 갔고 비로소 마음의 평안을 얻게 되었다. 그렇게 봉사하던 것이 아가페 클리닉에 이십여 년, 해외 의료 선교에 열일곱 번 정도 참여하게 된 것 같다. 만약에 의료 선교에서 봉사하는 것이 육체적인 고통만 있었다면 이렇게 오랜 기간 계속할 수 있었을까 자문해 본다. 주님께서 부어 주시는 놀라운 은혜와 성령의 감동이 있었기에 지속할 수 있었던 것이 아닌가 생각된다.

 나는 의사도 아니고 간호사도 아니고 약사도 아닌 교사인데 의료 선교에 내가 할 수 있는 자리가 있다는 것이 늘 감사하다. 내가 의료 선교에서 봉사를 하니까 사람들은 내가 보건 교사인 줄 아는 사람들이 많다. 전도사님도 내가 보건 교사인 줄 알았다고 하실 정도다. 처음 아가페 클리닉에 봉사하겠다고 하니까 예진팀 간호사 권사님께서 혈압을 재는 일을 시키셨다. 그 이후로 계속 내가 하는 일은 아가페 클리닉에서 혈압을 측정하는 일이다. 해외 의료 선교를 나가면 혈압 측정하는 일에 구충제를 투약하는 일을 한 가지 더하게 된다. 전문 의료 인력이 아닌 나에게 의료 선교에서 내가 할 수 있는 일이 있다는 것은 또한 주님께서 하라고 길을 내어 주신 사명과도 같은 일이라고 생각한다. 그래서 의료 선교 사역이 주님께서 나에게 허락하신 일이라고 생각하고 다른 어떤 일보다도 의료 선교에서 하는 일을 최우선으로 삼고 감사하는 마음으로 참여한다. 의료 선교에 참여하는 것이 축복인 것을 알기에 밭에서 보물을 발견한 사람이 집에 가서 전 재산을 팔아 그 밭을 사는 심정으로 의료 선교에 최선을 다하고 있다.

주님의 일에 헌신하는 것, 주님의 증인으로 산다는 것은 육신적으로는 고통스럽고 고난의 길일 수도 있지만 주님은 주님의 일을 하는 사람에게 말할 수 없는 놀라운 은혜와 성령의 임재로 역사하신다. 몸이 편안하면 우울과 권태에 빠질 위험이 있다. 그러나 몸이 주님의 일을 위해 쓰임을 받게 되면 진정한 기쁨과 평안이 있게 된다. 우리는 육신의 유지를 위해 음식을 섭취한다. 그러나 영적인 생활을 영위하기 위해서는 주님이 주시는 성령이 바로 생명의 양식이 된다. 육적인 생활이 중요한가 영적인 생활이 중요한가에 대해서는 여러 가지 의견이 분분할 수 있겠으나 영적인 생활이 충족되지 않으면 우리는 마음의 병이 들게 된다. 역설적이기는 하지만 주님의 일에 충성하면 몸은 힘들 수 있지만 마음은 주님이 주시는 말할 수 없는 평안을 얻게 된다. 이러한 신비로운 주님의 역사에 우리 모두가 참여할 수 있기를 소망해 본다.

나의 해외 의료 선교 이야기
(2)

　나는 여름 방학마다 매번 해외 의료 선교에 참여했는데 겨울에는 자꾸 개학과 겹쳐서 번번이 참석을 못 해 왔다. 지난번 여름 스리랑카에 다녀왔을 때 겨울에도 가고 싶다고 소감을 말한 것이 기억난다. 드디어 이번에 2월 1일에 개학을 하는데 그날 돌아오는 일정이었다. 하루 먼저 돌아와야 하는데 나는 혼자 비행기를 타 본 경험이 없어서 함께 오는 사람이 있으면 갈 수 있다고 말씀드렸다. 다행히 나를 포함해서 네 사람이 하루 전에 돌아와야 하는 상황이 되어서 이번 겨울에는 갈 수 있다는 생각에 떨듯이 기뻤다. 11월부터 벌써 화장품 샘플을 모으는 등 기분이 좋았는데 막상 떠나는 날이 다가오자 여지없이 두려운 마음이 앞섰다. 네 번에 걸친 기도회를 통해 확신과 소명은 가지게 되었지만 여전히 떨리는 마음을 어찌할 수가 없었다. 그런데 마지막 파송 예배를 드릴 때 성가대

찬양에 '주의 지팡이와 막대기가 나를 안위하시나이다'라는 구절에 마음이 울컥했다. 이어서 성경 구절에서도, 목사님의 설교 말씀에서도 재차 반복되면서 마음의 평안을 얻게 되었다. 그리고 출발하던 날 모든 염려와 걱정을 내려놓고 다시 기쁨을 회복하고 떠날 수 있게 되었다.

내가 맡은 사역은 항상 혈압을 측정하는 일과 구충제를 먹이는 일이다. 지난번 사역지에 구충제를 안 가지고 왔던 경험이 있던 터라 미리 준비할 때 구충제는 내가 받아서 챙겼다. 첫째 날은 고아원이라서 그런지 어린이 환자가 많아서 혈압을 재는 일이 그다지 힘들지는 않았다. 구충제를 먹이는 일은 통역을 맡은 만달레이 외국어 대학원 한국어학과에서 석사 과정 중인 치술라이라는 미얀마 현지인에게 부탁을 했다. 어린이들 중에는 약을 한 번도 먹어보지 않아서 구충제를 못 삼키는 아이도 있었다. 그래서 어린이들이 씹어서 물과 함께 삼키도록 했다. 치술라이는 꽤 똑똑한 아가씨였다. 한 번 설명을 했을 뿐인데 알아서 척척 잘했다. 그래서 나는 혈압을 재는 일에 몰두를 할 수가 있었다.

둘째 날에는 어린이 환자는 거의 없고 어른이 대부분

이다 보니 계속 삼사백 명의 혈압을 재야 했다. 그러다 보니 혈압계가 자꾸 부풀어 올라 바람을 계속 빼면서 해야 했다. 구충제는 치술라이가 알아서 잘 먹였는데 여자는 임신 여부를 꼭 물어서 임산부에게는 먹이지 말라고 당부했다.

셋째 날에는 하나님께서 지혜를 주셔서 혈압계를 단단히 조여서 고정시키면서 측정을 하니 부풀어 오르지 않고 측정을 할 수가 있었지만 힘을 주어야 하기 때문에 힘이 많이 들었고 혈압계도 혹사당하는 것 같았다. 그리고 다음 날 오전 사역만 하고 떠나야 하기 때문에 치술라이에게 혈압을 재는 걸 가르쳐 주었다. 그리고 오후 후반부터는 치술라이가 혈압계 한 개를 맡아서 측정하도록 하였다. 구충제는 물이 다 떨어져 새로 갈아야 하는데 그 무거운 물병을 치술라이가 친구를 데리고 와서 부지런히 갈아서 계속 먹이는 일을 하였다. 아주 마음에 드는 영리하고 성실한 아가씨다.

넷째 날에는 오전 사역만 하고 떠나야 하기 때문에 치술라이와 같이 혈압을 재고 이미용 통역을 하던 아가씨 한 명을 데리고 와서 구충제 먹이는 일을 시켰다. 혈압을 치술라이와 둘이서 재는데 내가 많이 재는 것이 좋은지 치술라이에게 많이 시켜서 일에 익숙하게 하는 것이 좋은지 생각하게 되었다. 어차피 오후에 치술라이가 힘들지 않도록 내가 많이 재는 것이 좋다는 생각에 열심히 환자가 오는 대로 측정을 하였다. 이번에는 치술라이라는 바지런한 아가씨와 동역을 하여 무리 없이 사역을 마칠 수가 있었다. 협력하여 선을 이룬다는 의미를 통감하게 되었다.

마지막 출발하던 날 선교사님 트럭에서 내리다가 발을 헛디뎌 떨어지게 되었다. 순간 엄청 아팠다. 하루 먼저 떠난다고 기뻐한 나머지 사탄이 틈타서 그렇게 되었나 보다. 서울에 도착해서 성적 처리를 하느라 바빠서 병원에도 못 가 보다가 주말에 병원에 가 보니 뼈에 이상은 없고 물리치료를 받고 약을 처방받아서 복용했다. 그리고 정상적으로 걸을 수 있게 되었고 거의 회복이 되었다. 한 일주일 고생한 것 같다. 우리를 향한 하나님의 계획을 인간이 어찌 알 수 있겠는가? 그저 한량없는 하나님의 은혜에 의지하여 앞으로 나아갈 뿐이다.

나의 신앙 이야기

나는 첫 월급을 십일조로 드리는 축복을 받지 못했다. 그때 남자 친구를 사귀고 있었는데 그와 만나면서 돈을 펑펑 쓰면서 십일조를 드리지 않았다. 그런데 알고 보니 그는 성격파탄자였다. 나는 그에게서 아무런 희망을 발견하지 못하자 죽음을 각오하고 그와 헤어졌다. 또 한 번의 깊은 어둠의 터널을 지나 나는 인생의 가장 밑바닥에 있었다. 그때 난 한 사립초등학교에서 근무하고 있었지만 5년의 교사 생활 가운데 남은 것은 하나도 없었다. 난 어머니의 손에 이끌리어 교회로 가서 '난 추악한 죄인입니다'라고 자복하여 회개하며 하나님께 엎드렸다. 그즈음에 난 공립학교로 근무지를 옮기게 되었다. 아무 이유 없이 몸이 아파 왔다. 난 수업을 마치고 매일 성경을 읽기 시작했다. 그렇게 읽은 것이 성경을 3번 통독하게 되었다. 그러는 가운데 마음이 뜨거워지는 경험을 했다.

하나님을 만난 것이다. 그 무렵에 나는 십일조를 해야 하지 않을까 하는 생각을 하게 되었다. 내 나이 29살 때의 일이다.

  십일조를 하면서 모든 것이 달라졌다. 무엇보다도 신앙적으로 정립이 되었다는 것이다. 나는 말씀에 기초한 나 나름대로 확실한 우주관을 갖게 되었다. 신앙이 정립되면서 난 교사로서도 바르게 서게 되었다. 이전에 나의 모습은 부끄럽기 짝이 없는 형편없는 교사였다. 그런데 십일조를 하면서 교사로서의 소명감이 생기고 교사가 된 것에 대한 감사한 마음이 들면서 비로소 학부모들과 아이들에게 신뢰받는 성공적인 교사가 된 것이다. 그 무렵 나는 문득 공부를 하고 싶어졌다. 그래서 대학원에 진학하기 위해서 방송대 3학년에 편입을 했는데 4학기 모두 장학금을 타면서 학업을 했다. 공부가 너무 재미가 났다. 이어서 연세대 교육대학원에 진학하여 만학의 즐거움을 느끼며 공부를 잘 마쳤다. 그즈음에 아버지께서 나에게 돈을 얼마나 모았냐고 물어보셨다. 내가 말씀드리니 아버지께서 그 돈으로 전세를 끼고 작은 주택 하나를 사 주셨다. 이삼 년이 지나자 집값이 서너 배 뛰고 전셋값도 뛰고 해서 그 집을 팔고 아파트를 샀다. 그렇게 계속 아파트값이 오르고 또 돈을 모아서 아파트 두 채와 재개발하는 집 한 채 등 모두 세 채의 집을 소유하게 되었다. 모든 것이 잘되고 있었다.

그러던 어느 날 마음의 기쁨이 싹 사라지는 것을 느꼈다. 마음이 무척 고통스러웠다. 우울증이 찾아온 것이다. 그러나 난 정답을 알고 있었다. 예전에 하나님을 만났던 그 뜨거움을 회복하면 이 고통 속에서 빠져나올 수 있다는 것을. 난 학교에 1등으로 출근하여서 성경 말씀을 읽고 큐티를 하면서 기도의 제단을 쌓았다. 그러기를 20년 정도 한 것 같다. 그리고 우리 교회의 아가페 클리닉에 봉사하고 해외 의료 선교에 참여하면서 점차 마음이 회복되어 갔다. 십일조도 예전보다 더욱 철저히 드렸다. 상여금 나온 것까지 정확히 십일조를 드렸다. 그리고 또한 하나님께서 귀한 깨달음을 주셨다. 내가 이십 대 때 십일조를 드리지 않았을 때 하나님이 나를 내치신 것이 아니라 내가 의무를 다하지 못한 것 때문에 나 스스로 하나님을 멀리 했었다는 것을 알았다. 그때도 하나님께서 나를 바라보시면서 함께 애통해하셨다는 것을 깨닫게 되었다. 그러면서 다시 한번 깊이 하나님을 만나게 되었다. 나의 나 된 것은 오직 하나님의 은혜다. 진정한 축복이란 세상에서 잘되는 것을 넘어서 구원의 확신과 천국을 소유하는 것이라는 것을 깨달아 알게 되었다. 그리고 나는 죽음조차 두려워하지 않는 믿음을 가지게 되었다.

지금은 모든 것이 감사하다. 2022년 2월에 학교에서 정년퇴임을 했다. 연금도 나오고, 또 선친께서 돌아가시면서 월세가 나오는 주택을 유산으로 물려주셔서 앞으로 살기에 걱정이 없다. 모두 하나님이 베풀어 주신 은혜다. 앞으로 공덕감리교회를 통하여 하나님께 헌신하며 봉사하며 살 작정이다. 십일조를 드리는 것은 헛된 일이 아니고 하나님이 기뻐하시며 반드시 이를 통해 역사하신다는 것을 말씀드리고 싶다. 하나님이 십일조를 통하여 나에게 주신 은혜와 축복이 얼마나 큰지 이 글을 읽는 분들과 공유하고 싶다.

그리고 나

나는 60대 중반 싱글이고 초등학교 교사로 41년간 헌신한 후 정년퇴임을 한 후 퇴임 후 3년 차를 지내고 있는 대한민국 평범한 국민이다.

나는 남에게 도움을 주고 싶은 마음이 많은 편이라 어느 달엔가 교회에 헌금하고 정기 후원하고 구제하는 데 쓴 돈만 이백만 원이 넘었다. 나는 내 소비 생활에 문제가 있는 것은 아닌가 해서 은우회 모임 언니들에게 상담을 한 적도 있다. 폐휴지를 리어카에 가득 싣고 지나가는 노인을 보면 이, 삼만 원씩 손에 쥐어 준다. 만 원짜리가 없을 때는 오만 원을 준 적도 여러 번 있다. 정기 후원하는 데가 8군데인 줄 알았는데 지출이 너무 많아 수첩에 적어 보니 10군데를 후원하고 있다. 한번 후원을 시작하면 도중에 끊은 적이 없다.

나는 마음이 여리고 심약하다. 무서운 영화는 절대 못

본다. 영화를 보다가 중간에 나온 이후로는 이젠 영화관에 안 간다. 집에 바퀴벌레가 나타나면 화들짝 놀라면서도 마음이 약해 죽이지를 못해서 바퀴벌레와 함께 산다.

나는 첫 학교에서 문제의 교사였다. 그러다가 성경을 3번 통독하고 십일조를 드리면서 하나님을 뜨겁게 만나고 회심을 한 후 바로 서게 되었다. 그 이후로 신앙이 정립되면서 교사로서 사명감과 감사함이 생겨 진정한 교사로 거듭나게 되었다. 나는 여러모로 축복을 많이 받았다. 지금까지 지내 온 것 주님의 은혜라는 간증을 마음에 담고 매일매일 그리스도인으로서 부끄럼 없이 살려고 노력한다.

이런 나에게 단점이 하나 있다. 그것은 바로 쇼핑 중독에 빠지는 것이다. 내가 단골인 백화점에서 수년간 매해 이삼천만 원씩 소비해 VIP 고객으로 있었다. 이런 나를 하나님께서 긍휼히 여기시고 비참한 생활을 하는 사람들을 시리즈로 보여 주셔서 몇 개월간 눈물을 흘리고 회개하고 쇼핑 중독에서 벗어나게 되었다. 그런데 요즘 쿠팡을 너무 많이 사용해서 인터넷 쇼핑 중독에 빠진 것이 아닌가 생각된다. 그래서 나 자신을 점검하여 자제하려고 노력하고 있는 중이다.

사람들은 나보고 초등학생과 수십 년간 지내서 그런지 맑고 순수하다고 한다. 우리 교회 K권사님도 참 좋은 분이 교회에 오셨다고 그리스도인의 본보기가 되는 분이라고 한다. 그럴 때마다 나의 추악함을 아는 나로서 내가 너무 가면을 쓴 것은 아닌지 회개하기도 한다.

나의 마지막 소원은 아름다운 죽음을 맞이하는 것이다. 모친이 7~8년간 요양 병원에서 계시다가 돌아가시고 선친도 3년간 뇌경색으로 투병을 하시다가 하늘나라에 가신 것을 본 나로서는 죽음이 가장 큰 문제다. 병이 들었을 때 돌보아 줄 자식이 없기 때문이다. 죽는 것은 두렵지 않다. 죽으면 천국에 가리라는 구원의 확신이 있기 때문에 두렵지 않은데 투병 생활을 하다가 죽을까 봐 염려가 된다. 그래서 깨끗하고 아름답게 임종을 맞이하고 싶다. 그래서 죽음을 위해서 지금부터 매일 기도를 한다.

나의 기도

주님!

감사합니다. 오늘도 여전히 새벽 기도로 주님을 만날 수 있는 은혜를 주시니 감사합니다.

간절히 비옵기를 지난날의 저의 추악한 죄를 진심으로 회개하오니 용서도 마옵시고 그저 불쌍히 여겨 주시옵소서.

사는 날까지 강건하게 살다가 아름다운 임종을 맞이할 수 있도록 임종의 복을 허락해 주시옵소서.

무엇보다도 주님이 주신 사명을 잘 감당하게 하옵소서. M양과 H양이 소중한 인격체로 잘 성장하여 이 나라의 어엿한 국민으로 당당하게 살게 하옵소서. 제가 두 어린 소녀의 구원의 통로가 되는 은혜를 주옵소서. A여인이 이 땅에 뿌리를 잘 내리고 적응하여 행복하게 살게 하시고 그 가정이 복되게 해 주시옵소서.

우리 가족을 긍휼히 여기사 범사에 영혼이 잘되어 같이하는 일이 잘되게 해 주시옵소서. 동생에게 말년의 복을 주옵시고 큰언니의 앞길에 선하신 인도하심이 있게 하옵시며 작은 언니 강건하게 오래 살게 하옵시고 믿음의 귀하고 복된 가정으로 축복해 주시오며 형부도 강건케 하옵시고 믿음의 사람으로 형통케 하시오며 조카 J의 가정을 믿음의 가정으로 인도해 주시오며 범사에 잘되게 축복해 주시고 조카 S의 가정을 좋은 교회로 인도하셔서 신앙생활을 잘하게 하시고 의사로서 승리하게 하옵시며 나중에 주님께 귀한 헌신을 드리는 복된 부부로 삼아 주시옵소서. 조카 K에게 건강 주시고 평생 헌신할 좋은 직장과 믿음의 신실한 배필을 허락해 주셔서 주님께 충성하는 믿음의 일꾼으로 축복해 주시옵소서. 조카 손자인 S, D, H를 축복하사 건강하고 안전하게 지켜 주옵시며 행복하게 믿음의 일꾼으로 잘 양육시켜 주시옵소서.

이 나라 이 백성을 불쌍히 여겨 주시옵소서. 대통령이 잘 해낼 수 있도록 지혜와 명철을 주시옵시고 함께해 주시옵소서. 우리나라가 주님의 말씀을 땅끝까지 전파하는 일에 선두에 서게 하시고 그러다가 주님의 축복받는 나라 되게 하옵소서.

북한 동포들, 중국의 탈북민을 긍휼히 여기사 은혜로 돌보아 주시며 통일의 그날이 속히 되어 그들을 구원해 주시옵소서.

공덕제일교회와 담임 목사님과 함께해 주옵시고 우리 교회 빈자리가 꽉 채워지게 하시고 교회에 헌신하는 일꾼들의 헌신을 기억해 주시며 특별히 암 투병 중인 L권사님과 함께하사 친히 치유해 주시고 병상 속에서 주님을 기억하고 굳건히 승리하게 하소서.

C교회와 담임 목사님이 어머니 교회로서 사명을 잘 감당하게 하시고 부목사님들과 전도사님들 교회를 통하여 귀한 헌신을 드릴 때 주님 함께 동행해 주옵소서. 특별히 의료 선교와 함께하사 사명감을 가지고 헌신하시는 위원장님과 총무님들과 봉사자들의 헌신을 기억해 주시고 주님께 귀히 쓰임받는 도구 되게 하옵소서.

가나의 누시메비아가 복음의 역군으로 잘 살아가게 하시고 그녀의 가족이 저의 작은 헌신을 통하여 구원의 기쁨을 누리게 하소서.

이슬람 연구원과 K선교사님의 사역에 주님 동행해 주

옵시고 이슬람 연구원의 재정이 줄지 않고 사명을 잘 감당할 수 있도록 은혜 내려 주시옵소서.

해외에 계신 선교사님들의 건강과 안전을 지켜 주시오며 행복한 사역 되게 은혜 내려 주시옵소서. 스리랑카에서 28년간 사역을 마치고 돌아오는 H선교사님의 앞길에 선하신 인도하심이 있기를 바라오며 카자흐스탄의 C선교사님과 사역에 늘 동행해 주시고 우간다에서 사역을 마치고 돌아오신 J선교사님의 건강을 회복시켜 주시오며 평안한 말년을 보내게 하시고 대를 이어 간 C선교사님이 어려운 여건 속에서도 넉넉히 이길 힘을 주시고 굳건히 믿음으로 승리하게 하시고 세네갈의 N선교사님의 건강과 안전을 지켜 주옵시며 행복한 사역 되게 하시고 캄보디아의 B선교사님의 사역에도 동행해 주시옵고 베트남의 K선교사님의 진정과 진심을 아시오니 사역하다 건강이 회복되게 하시고 식당이 잘 운영되어 후히 거두고도 남음이 있게 하옵소서.

이스라엘과 가자 지구의 오랜 앙숙에 용서와 화해가 있게 하시고 평화의 땅, 복음의 땅, 축복의 땅으로 재건되게 하옵소서.

우크라이나와 러시아의 전쟁이 하루속히 종식되게 하시고 이를 위해 서방이 아름다운 연합을 이루게 하시며 그곳의 선교사님과 교회를 굳건히 지켜 주옵소서.

불의와 악이 팽배해 있는 세상에서 마침내 하나님의 의가 최후 승리하게 하옵소서.

지구 온난화로 재앙의 위기에 처해 있는 지구와 인류를 불쌍히 여기사 인간과 자연을 사랑하시는 주님 예수님 재림하실 때까지 지구에 회복의 은혜를 주시옵소서.

후배 C선생님이 인생길에서 주님을 만나게 하시고 가정과 자녀가 잘되게 축복해 주시옵소서. 은우회 LS선생님, LM선생님, C선생님이 늘 강건케 지켜 주시오며 말년의 복을 허락하시고 가정과 자녀를 축복해 주옵소서. 인왕 신우회의 S선생님과 L선생님, B선생님의 가정을 믿음의 귀하고 복된 가정으로 축복해 주시고 부부의 건강 지켜 주시오며 부모님과 자녀, 손주들을 은혜로 돌보아 주시옵소서.

C교회의 H권사님 사역에 함께하사 넉넉히 채워 주시고 바깥 권사님의 앞길에 주님의 선하신 인도하심이 있기를 바라오며 믿음의 귀하고 복된 가정으로 축복해 주

시옵소서.

친구 같은 K선생님과 동행해 주시고 주님이 함께하신다는 믿음 가지고 굳건히 승리하게 하시고 자녀들의 앞길에 크신 은혜와 축복으로 함께해 주시옵소서.

황톳길 모임의 J집사님 부부가 아름다운 신앙생활하게 하시고 두 아드님의 결혼도 허락해 주시며 Y집사님의 귀한 헌신을 기쁘게 받으사 범사에 하는 일이 잘되게 하시고 따님에게 좋은 베필도 허락해 주시며 B집사님께 말년의 복, 건강의 복, 물질의 복을 주시옵소서.

우리 집을 주님이 축복해 주시는 반석 위에 세운 공간 되게 하시며 폭우와 재해로부터 안전하게 지켜 주시오며 동생과 제가 우리 집에서 행복하게 살다가 천국 가게 하옵소서. 지하 2호의 K양을 지켜 보호해 주시며 크신 은혜와 축복으로 함께해 주시옵소서. 지하 2호 B여사님과 동생의 건강을 지켜 주시며 말년의 복을 주시옵고 아드님이 공군에서 믿음의 자녀로서 모범적인 생활하게 하시고 승리하게 하옵소서. 1층에 사는 K여사님과 가족의 건강을 지켜 주시오며 범사에 하는 일이 잘되게 축복해 주시옵소서.

오늘 하루도 아침을 여는 이 시간에 주님 만나서 기도 드릴 수 있는 은혜 내려 주신 것 감사합니다.

이 모든 기도 참 좋으신 예수님 이름 받들어 기도드리옵나이다. 아멘!

맺는말

　글을 쓴다는 것은 쉬운 일이 아닌 것 같다. 더군다나 자기의 생각을 제한된 언어로 정확히 표현하는 것은 거의 불가능한 것이 아닌가 싶다. 더욱이 나처럼 글쓰기에 능숙한 사람이 아닐 경우에 글로 생각을 표현하는 것은 참으로 어려운 일이다.

　그러나 글을 쓰고 싶다. 그것도 좋은 글을 쓰고 싶다는 욕망이 내 안에 꿈틀거린다. 그 처음 시도로 『나의 사는 이야기』라는 자서전적 글을 시도해 보았다. 이 글에 멋진 문학적 표현이 있는 것도 아니고 기막힌 줄거리가 있는 것도 아니다. 그저 평범한 사람의 보통 이야기이다.

　이 글이 책으로 출판될 가치가 있는 글인가 자문도 해 보았다. 그럴 때마다 용기를 주는 분도 계시고 무엇보다도 이 글이 하나님의 말씀 따라 선하게 살려고 노력하는 한 사람의 따뜻한 이야기로 읽혔으면 하는 바람이다.